¡QUÉ ME DICES!

A Task-Based Approach to Spanish Conversation

MONTSERRAT MIR
Illinois State University

ÁNGELA BAILEY DE LAS HERAS
Illinois State University

Boston   Columbus   Indianapolis   New York   San Francisco   Upper Saddle River
Amsterdam   Cape Town   Dubai   London   Madrid   Milan   Munich   Paris   Montréal   Toronto
Delhi   Mexico City   São Paulo   Sydney   Hong Kong   Seoul   Singapore   Taipei   Tokyo

Sponsoring Editor: María F. García
Senior Acquisitions Editor: Tiziana Aime
Senior Digital Product Manager: Samantha Alducin
Media Coordinator: Regina Rivera
Director of Program Management: Lisa Iarkowski
Team Lead Program Management: Amber Mackey
Program Manager: Annemarie Franklin
Team Lead Project Management: Melissa Feimer
Project Manager: Nicole Conforti

Full Service Project Management:
    Lumina Datamatics, Inc.
Cover Image: Robert Daly/Getty Images
Operations Manager: Mary Fischer
Operations Specialist: Dennis Para
Editorial Assistant: Nathalie Murray
Editor in Chief: Bob Hemmer
Director of Market Development: Kristine Suárez
World Languages Consultants: Yesha Brill, Mellissa Yokell

Credits and acknowledgements borrowed from other sources and reproduced, with permission, in this textbook appear on the appropriate page within the (or on pages 197–198).

Library of Congress Cataloging-in-Publication Data

Mir-Fernández, Montserrat.
    ¡Que me dices! / by Montserrat Mir; Ángela Bailey de las Heras.
        pages cm
    Includes index.
    ISBN 978-0-205-73642-3—ISBN 0-205-73642-4
1. Spanish language—Grammar—Study and teaching—Spanish
    speakers.   2. Spanish language—Style—Study and teaching—
    Spanish speakers. I. Title.
    PC4105.M57 2014
    468.2—dc23
                                            2014014312

www.pearsonhighered.com

ISBN-10: 0-205-73642-4
ISBN-13: 978-0-205-73642-3

BRIEF CONTENTS

SCOPE & SEQUENCE

KV 11.13.2018 1013

PREFACE

Welcome to *¡Qué me dices!: A Task-Based Approach to Spanish Conversation* a Spanish conversation textbook for a fourth/fifth semester course at the college level. *¡Qué me dices!* is all about conversation. Activities are group-oriented so students are forced to use Spanish for communicative purposes within the realms of realistic conversations. Students are presented and guided through chapter themes during class sessions but they individually research topics of their choice which then are discussed and shared through task-oriented activities in the classroom.

The proficiency guidelines for speaking as outlined by the American Council for the Teaching of Foreign Languages (ACTFL) provide the basis for sequencing and choosing material in *¡Qué me dices!* Chapters in the text move from functions, text types and contexts found in the Intermediate-Mid level of proficiency all the way to the Superior level. Many classroom activities are designed around the type of conversation stimuli one would encounter during an Oral Proficiency Interview (OPI). Chapters are not interrelated so depending on the level of students, one can start at any given chapter.

FEATURES OF *¡QUÉ ME DICES!*

- **Use of native informants through pen-pal exchanges:** Students learn cultural facts from native speakers themselves by participating in pen-pal exchanges over the Internet. This feature is introduced in the first chapter under **Amigos sin fronteras** where students are guided through in the set up of a pen pal online. Each chapter offers several opportunities to engage in dialogue via email, chat or video call with native speakers from different Spanish speaking countries. Although regular communication with the pen-pal is not necessary to complete activities in the textbook, the availability of a native speaker for consultation is exploited throughout the text.

- **A task-oriented approach to speaking:** All activities are designed to accomplish a concrete informational goal attainable only through the exchange of information and ideas among class participants. Activities follow a step by step approach to help learners seek, organize and share information logically and in detail. Listeners are active participants in conversation and together students work towards a culminating objective.

- **Students' choice of content:** Chapter themes are broadly presented but it is through concrete research activities that students find contemporary examples outside the class (e.g., texts in the Internet). In that sense, the textbook's materials for discussion will always be in accordance with current events and students' interests. In addition, students choose topics that personally interest them thus, increasing their motivation and control over their own learning. This also allows different contents to be shared in class leading to conversations primarily focused on exchange of unknown information.

- **Online oral assessments:** Many of the textbook activities can be used for individual and group assessment purposes. In addition, oral assessments can be completed in *MySpanishKit* where students, individually or in pairs, record their speech and submit it for evaluation by the instructor, self-evaluation or peer-evaluation. The oral stimuli in these online oral assessments resemble oral stimuli one would encounter in the Oral Proficiency Interview (OPI). Also available in *MySpanishKit* (under More Resources) are Pronunciation Guides, a Podcasting Site and our MediaShare Website.

PROGRAM OVERVIEW

¡Qué me dices! consists of seven chapters with similar structure and balance of activities. Each chapter opens with a photo spread, an introduction to the communicative goals of the chapter, its readings and research activities, and questions to activate students' background knowledge and brainstorm about the chapter's thematic content. Graphics and authentic realia directly related to the chapter content and/or function with reflection questions and/or comments appear throughout the text to incite conversation.

The textbook is divided into three main sections. **Conversemos** introduces the communicative function and chapter theme. **Exploremos** and **Profundicemos** lead students into exploring the chapter theme on their own and sharing the knowledge obtained through step by step tasks in the classroom.

Conversemos

- In **Punto de partida** students perform the function to be explored in the chapter and reflect on their performance so they can assess their limitations and seek ways for improvement as they work in the chapter. A similar activity appears at the end of the chapter.

- The *communicative function* of the chapter is explained and a number of language strategies are introduced along with practice activities. These communicative exercises include word games, interviews, role plays, etc. and are intended to practice the communicative function at the micro-level so students can focus on the different strategies used.

- **Vocabulario del tema** include lists where the thematic content of the chapter is presented followed by short oral practice exercises. Activities are varied, simple and concrete.

- **Buscapalabras** is a section designed to help students use dictionaries properly and encourage them to use them regularly in their language learning experience. Through presentation and practice students explore all the information one can find in a dictionary entry (e.g., vocabulary, grammar, language variation, contextual variation, etc.) and search information across different types of dictionaries (e.g., bilingual, monolingual, thesaurus, etc.).

Exploremos

- **Preparémonos** is the first introduction to the theme of the chapter by activating students' background knowledge. In this simple and straightforward task, learners exchange information based on their own experience and/or knowledge. This section has the purpose of helping learners think about their own culture before venturing to discover facts about the target culture. This helps learners see the similarities that exist between their own culture and the target one.

- **Infórmate** includes a reading designed to explore the chapter's topic. All readings follow a process-oriented approach where students first, reflect on the topic and then after reading, they work with the text to check comprehension, learn new vocabulary and finally, personally react to the content. The purpose of the reading is also to prepare students for texts they will find on their own to complete the research activities that follow. This reading is intended to be done in class so instructor and students can collaborate in reaching understanding and making connections between the reading and the communicative function and theme of the chapter.

- In **Un reto** students are challenged to use the communicative function explored in the chapter in an unusual context or for unexpected communicative purposes. These **retos** are intended to encourage students to go beyond what they normally do with the language and give them a motivational force to explore language functions further. This feature appears in several places within the chapter.

- **Investiga** is a research activity where learners investigate a topic of their interest related to the chapter theme. The **Investiga: Informes** with key elements are provided on the Companion Website (www.pearsonhighered.com/quemedices) and at the end of the textbook to facilitate the research task.

- **Expresémonos** includes three speaking tasks designed to use the information gathered during **Investiga** to work in groups and/or pairs to reach a concrete and attainable goal. The exchange of unknown information in groups and the goal-oriented design of the tasks ensure that speakers and listeners are active participants in the conversation. The step by step design in many of the tasks also helps students in collecting and summarizing their thoughts and reaching a final outcome: gather information and reach a conclusion, recreate social situations in real life, etc.

- Students learn about peculiarities of the language in **Las cosas del decir.** The topics selected are singular and curious features of the language, all of which closely relate to chapter theme and communicative function. A short oral practice is included to assess students' understanding.

Profundicemos

- **Profundicemos** prompts students to further explore the chapter theme and communicative function in subsequent sections such as **Preparémonos, Infórmate, Investiga,** and **Expresémonos.**

- **Punto y final** is designed to closely resemble a conversation event that would take place during the Oral Proficiency Interview (OPI). The conversation topics are similar to the ones in **Punto de partida** so students can see how they have progressed in performing the chapter communicative function. In addition, this final activity helps students prepare for the chapter's final assessment online.

Encuentros diarios

This section includes pragmatic and sociolinguistic information about conversational features such as turn-taking, service-encounters, apologies and reprimands. Students are also given the opportunity to role-play situations to practice these conversational elements. This section appears in every other chapter, and the audio that accompanies this section is available in the *¡Qué me dices!* Companion Website.

PROGRAM COMPONENTS

In addition to the student textbook, *¡Qué me dices!* has the following components.

For Students

- **Companion Website** (www.pearsonhighered.com/quemedices) The *¡Qué me dices!* Companion Website contains the **Investiga: Informes,** oral assessments, and audio files for the **Encuentros diarios** sections at the end of chapters 1, 3, 5, and 7.

For Instructors

- **Instructor's Resource Manual** provides instructors with ample annotations with suggestions on implementation of activities, suggestions for variations and assessment and answers to some activities. Word files containing the assessments and evaluation rubrics are available to instructors online at the *¡Qué me dices!* website under "Resources". can add, modify and/or add information to the assessments and assign them accordingly.

ACKNOWLEDGMENTS

¡Qué me dices! is a result of a vision to create a true conversational textbook. We are truly grateful to our publisher, editors, and colleagues for contributing to our vision. Their inputs, critiques and recommendations made the years of planning, organizing and developing easier for us to see our dream come true. A special "gracias" to our students for helping us continuously improve our materials for this textbook.

Textbooks depend on reviewers, and we would like to sincerely thank and acknowledge our many fine reviewers.

Gunnar Anderson, *State University of New York at Potsdam*
Bonnie Butler, *Rutgers University*
James Crapotta, *Barnard College*
Adriano Duque, *Villanova University*
Yoanna Esquivel Greenwood, *University of Nebraska-Lincoln*
Héctor N. Garza, *West Texas A & M University*
Dan Hickman, *Maryville College*
Carlos F. Martínez-Davis, *New York University*
Janet Navarro, *Purdue University Calumet*
Cristina Ortíz, *University of Wisconsin-Green Bay*
Cristina Pardo, *Iowa State University*
Teresa Pérez-Gamboa, *University of Georgia*
Maria S. Previto, *Washington State University*
Anne M. Prucha, *University of Central Florida*
Bárbara Rodríguez-Guridi, *University of Wisconsin-Madison*
Gloria Stallings, *Brigham Young University*
Carlos Arturo Yáñez, *Manchester College*

CAPÍTULO 1

Estudios en el extranjero

Descripción personal y concreta

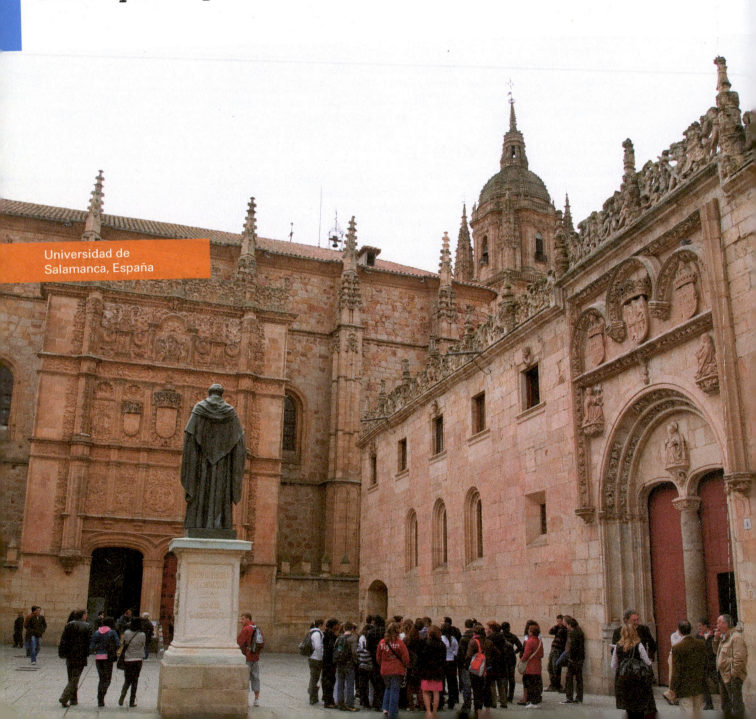

Universidad de
Salamanca, España

Objetivos de comunicación

En las conversaciones diarias es frecuente encontrar descripciones concretas de objetos, personas o situaciones. La descripción ofrece una representación de la realidad para una persona que no puede personalmente experimentar el objeto, persona o lugar que se describe. En este capítulo utilizaremos diferentes estrategias comunicativas para llevar a cabo una descripción precisa, ordenada y detallada.

Lecturas

Centro Internacional de Español CIDE

AMAUTA: Escuela de Español

Investiga

En busca de un programa de estudios

Conoce bien un país a través de su oficina de turismo

Tecnológico de Monterrey, Nuevo León, México

¿Qué buscas en una universidad en el extranjero?

¿Qué ventajas y desventajas tiene estudiar en una universidad antigua y en una moderna?

¿Qué conoces de la vida estudiantil en una universidad hispana?

¿Qué expectativas tienes para tus estudios en el extranjero?

CONVERSEMOS

PUNTO DE PARTIDA

En parejas, describan en detalle los componentes principales de su familia. Describan aspectos físicos y de personalidad así como detalles de su vida diaria y/o profesional. Mientras uno habla, el/la otro/a compañero/a debe anotar preguntas sobre detalles de la familia del compañero/a que no aparecen en su descripción. Al final de la descripción respondan a las preguntas de su compañero/a. ¿Fue la descripción suficientemente concreta y detallada?

Amigos sin fronteras

Busca a tres amigos hispanos de países diferentes en intercambios (*pen pal exchanges*) a través de la red o amigos que tú conozcas personalmente. En clase presenta a los amigos que has conocido.

Cómo hacer una descripción

Describir es relatar cómo son las personas, los objetos, los lugares y las situaciones. Para describir es necesario saber incluir detalles, tener buena memoria y usar un vocabulario amplio y preciso. Una descripción es una enumeración de cosas y sus propiedades.

Ejemplo: *Es una habitación muy sencilla que tiene una cama grande, una mesita de noche, un escritorio de color negro con una computadora bastante vieja, una lámpara muy brillante y una silla muy cómoda.*

Puntos a considerar:

- ¿Cómo empezar una descripción?
  Por el tema (persona, objeto, lugar, situación) que se quiere describir desde el punto de vista del observador.

- ¿Qué incluir en una descripción?
  El lugar desde donde se observa algo influye en lo que vamos a incluir en la descripción. Por ejemplo, no es lo mismo describir una casa si estamos dentro de la casa que si observamos la casa desde fuera. Generalmente, en una descripción se incluyen características o propiedades directamente asociadas al tema pero también características únicas que diferencian o destacan este objeto, persona o lugar de otros objetos, personas, o lugares semejantes.

- ¿Qué orden seguir?
  Es importante ser ordenado en la presentación de los detalles. Según lo que describimos, podemos describir de arriba abajo, de izquierda a derecha, de dentro hacia fuera, de lo general a lo particular.

Estrategias para la descripción

Formas para introducir el tema:

Tema + verbo + características → La universidad es grande y moderna.
Verbo + tema + características → Es una universidad grande y moderna.

Recursos lingüísticos:

1. La enumeración de adjetivos calificativos.

   Mi padre tiene la cara alargada, los ojos azul claro, el pelo rubio y rizado...

2. La comparación o la expresión metafórica.

   Este curso es más difícil que el curso de filosofía.

   La profesora parecía una estrella de cine.

3. La definición de términos desconocidos por el oyente.

   En la universidad de Costa Rica un día presencié un claustro de profesores, que es la reunión donde los profesores hablan sobre cosas de la universidad.

4. Uso de aumentativos y diminutivos para describir un nombre. Algunas terminaciones frecuentes son: **-illo/a, -ecillo/a, -ito/a, -erón(erona)** o **-ísimo/a.**

   *En la clase de español tenemos muchos **examencitos**.*

   *Pepe es un **preguntón** en las clases.*

5. Uso de verbos expresivos para evitar usar verbos débiles como **hay, tener, hacer, ser, estar, tomar.** Compara las siguientes oraciones.

   Hay muchas asignaturas diferentes en este programa.

   Existen muchas asignaturas diferentes en este programa.

   Estoy cansado de tanto estudiar.

   Me cansa tanto estudiar.

6. Preferencia por oraciones yuxtapuestas y coordinadas, especialmente las oraciones adjetivales donde el uso de pronombres de relativo nos permite sustituir el adjetivo.

   La universidad es moderna. Tiene unos 10.000 alumnos y 500 profesores.

   Se encuentra en una cima con una vista espectacular del valle, donde uno puede esquiar en el invierno y pasear en el verano.

7. Las formas verbales suelen ser el presente o el imperfecto de indicativo. Con el presente destacamos el carácter intemporal de la descripción. Con el imperfecto, nos enfocamos en lo descrito y no en la sucesión de hechos.

   La universidad donde estudio es grande pero muy acogedora. Uno puede estudiar carreras humanísticas o científicas...

   Mis padres estudiaron en la misma universidad, pero, en aquella época, la universidad solo tenía 1.000 alumnos. Las carreras principales eran en educación...

¡Vamos a practicar!

 1–1 ¿Cómo te sientes? Los primeros días de clase en un nuevo semestre pueden despertar una gran variedad de sentimientos. En parejas, expresen sus sentimientos transformando los adjetivos de la lista en verbos como en el modelo. Pueden añadir otras palabras a la lista.

Adjetivos: cansado, alegre, emocionado, aburrido, aterrado, desanimado, divertido, apasionante, abrumado, apenado, interesante, triste, entretenido, animado, complaciente, deprimido, entusiasmado, disgustado.

Modelo: *Me **cansa** oír todas las reglas del curso el primer día de clase pero **me alegro** mucho si el curso no tiene un examen final.*

*Los primeros días **me alegra** volver a ver a mis amigos del semestre pasado pero también **me apeno** cuando pienso en mis amigos en mi casa familiar que no volveré a ver en unos meses.*

¿Cuál de los dos tiene sentimientos más positivos los primeros días de clase?

1–2 **El pasado y el presente.** En parejas, hablen sobre cómo han cambiado físicamente y de personalidad desde la infancia hasta ahora. Descríbanse en detalle y establezcan comparaciones. ¿Quién cambió más?

Modelo: *Cuando tenía 12 años era muy delgado, no tenía músculos y llevaba unas gafas negras muy feas y pesadas. Hoy soy más musculoso porque voy al gimnasio, y ya no llevo gafas porque tengo lentes de contacto. Mi madre dice que cuando era muy pequeño era muy activo, juguetón y cómico. Creo que ahora también lo soy!*

Vocabulario del tema: Términos académicos

Requisitos universitarios

asistir a clases	*to attend classes*
la beca	*scholarship*
el/la becado/a	*scholarship holder*
el curso/la materia	*course, class*
el curso/la materia obligatorio/a	*required course*
el curso/la materia optativo/a/opcional	*elective course*
graduarse	*to graduate*
ingresar en la universidad/la facultad	*to enroll in the university/the school*
[de medicina, historia]	*[of medicine, history]*
llenar los impresos/formularios	*to fill out forms*
la matrícula/el registro	*registration*
la cuota de matrícula/la colegiatura	*tuition fee*
el plazo de matrícula	*registration period*
matricularse	*to register*
preparar el horario de clases	*to prepare the class schedule*
el préstamo para estudiantes	*student loan*
solicitar ayuda financiera	*to apply for financial aid*
la solicitud	*application*

En el salón de clases

aprender/repasar la materia	*to learn/review the material*
aprobar el curso	*to pass the course*
el esfuerzo	*effort*
el ensayo	*essay*
el esquema/bosquejo	*outline*
el informe/reporte	*report*
la redacción/composición	*composition*
el trabajo de investigación	*research paper*
un trabajo escrito	*any type of academic paper*
prestar atención	*to pay attention*
hacer un examen/examinarse/	*to take an exam*
rendir un examen/tomar un examen	
reprobar/suspender/perder	*to fail; to flunk (an exam, a course)*
sacar buenas/malas notas/calificaciones	*to get good/bad grade*
tomar apuntes/notas	*to take notes*

1–3 El proceso de matriculación. Antes de ingresar en una universidad hay muchos pasos a seguir. En parejas, describan en detalle y de forma cronológica todos los pasos necesarios para ingresar en la universidad. El punto de partida en este proceso empieza en la secundaria o la preparatoria. ¿Qué deben hacer para llegar a estudiar en la universidad? Después, comparen su descripción del proceso con otra pareja y hagan los cambios necesarios para llegar a una descripción común.

Modelo: *El último año en la preparatoria, se debe buscar información sobre la universidad que le interesa y solicitar los papeles necesarios para la admisión. Generalmente, la solicitud incluye un ensayo escrito sobre…*

1–4 ¿Cómo son tus clases este semestre? En grupos, hablen en detalle de todos los requisitos que tienen en las clases que toman este semestre. Después, decidan quién tiene la clase con más trabajo y expliquen por qué.

Modelo: *Este semestre tengo cuatro clases. En mi clase de química hay muchos requisitos. Tengo que escribir un ensayo cada dos semanas, tenemos dos exámenes durante el semestre y tarea todos los días. Al final del semestre tenemos un trabajo escrito sobre químicos famosos.*

Amigos sin fronteras

Contacta a tus amigos/as y pregúntales sobre el proceso de matriculación en su país. Descríbeles cómo es el proceso en los Estados Unidos. En clase, comparte la información que recibas.

Vocabulario del tema: Más términos académicos

Los estudios

la asignatura/materia	*subject*
el bachillerato	*high school diploma*
la carrera	*profession/academic degree*
la especialidad	*major*
la especialidad secundaria	*minor*
la licenciatura	*bachelor's degree*
la secundaria/preparatoria/ el instituto (España)/el liceo (Venezuela)	*high school*
el título	*diploma; title*

Las personas

el/la alumno/a de primer año	*freshman*
de segundo año	*sophomore*
de tercer año	*junior*
de cuarto año	*senior*
el/la ayudante	*assistant*
el/la becario/a	*intern*
la práctica profesional/el período de prácticas/la pasantía	*internship*
el/la catedrático/a	*full professor*

(Continúa en la página siguiente.)

Vocabulario del tema: Más términos académicos

el/la consejero/a	*advisor/counselor*
el/la decano/a	*dean*
el/la jefe/a del departamento	*chair of department*
el/la profesor/a	*professor, teacher*
el/la rector/a	*chancellor*

¡Vamos a practicar!

1–5 ¿Qué es un...? En parejas, definan los siguientes términos para una persona que desconoce el contexto educativo estadounidense. Compartan sus definiciones con las de otra pareja y entre todos formen la mejor definición posible de cada uno de los términos. Usen las estrategias de descripción mencionadas anteriormente.

- el traje de graduación
- la taquilla o casillero (*locker*)
- una detención en la escuela
- la lista de honores
- las actividades "*intramurals*"
- la fiesta de "*homecoming*"
- el carnet estudiantil
- animación deportiva (*cheerleading*)

1–6 El programa de estudios ideal. En grupos, tienen la oportunidad de describir en detalle el programa de estudios ideal y presentárselo a la clase para, entre todos, votar por el mejor programa. En su descripción deben incluir clases obligatorias, electivas, tipos de exámenes, clases y profesores, duración del programa, etc.

Buscapalabras. El diccionario es tu mejor amigo para aprender español. Sin embargo, es importante saber usar bien los diccionarios. Es recomendable usar más de un diccionario para saber qué palabra exacta estás buscando. Usa <u>dos</u> diccionarios bilingües diferentes para buscar las siguientes palabras y anota toda la información que consigas.

- syllabus
- withdraw
- alumnus/alumna
- quiz

Usando la información que encuentras en los diccionarios, escribe oraciones para cada palabra que refleje contextos diferentes.

Modelo: To audit.
   a. auditar (contexto bancario): El banco quiere auditar mis cuentas.
   b. asistir como oyente (contexto académico): Quiero asistir como oyente a la clase de literatura española.

EXPLOREMOS

PREPARÉMONOS

1–7 **Estudiar en el extranjero no es para todo el mundo.**
Las características específicas de la personalidad y la preparación académica pueden determinar si una persona está preparada para estudiar en otro país. ¿Eres tú un/a buen/a candidato/a para estudiar en el extranjero?

Paso 1: En parejas piensen en temas que son necesarios considerar en detalle antes de tomar la decisión de estudiar en el extranjero.

1. _el conocimiento del español_
2. _____
3. _____
4. _____
5. _____

Paso 2: Comparen su lista con la de otra pareja y añadan temas a su lista según las sugerencias de sus compañeros/as.

Paso 3: En grupos, descríbanse individualmente según los siguientes criterios.

1. Conocimiento del español
2. Personalidad
3. Posición económica
4. Otras ideas del **Paso 1**

Los/Las compañeros/as pueden hacer preguntas para solicitar más detalles en la descripción.

Modelo: Conocimiento del español

> **E1:** *Creo que hablo español con fluidez, tengo un buen vocabulario y puedo expresar mis ideas sin problemas.*
>
> **E2:** *¿Puedes hacer compras en español? ¿Puedes tomar clases en español con nativos?*

Paso 4: Según las descripciones compartidas, ¿eres tú un/a buen/a candidato/a para estudiar en el extranjero? ¿Por qué? ¿Qué necesitas para llegar a ser un/a buen/a candidato/a?

¿Por qué estudiar en el extranjero es una aventura? ¿Se necesitan características especiales para estudiar en el extranjero?

Amigos sin fronteras

Contacta a tus amigos/as y pregúntales sobre la vida académica en su país: cómo son las clases, los profesores, el curso académico, el campus, etc. En clase, comparte la información que recibas.

INFÓRMATE

Para estudiar en un país hispano es recomendable hacerlo a través de un programa de estudios establecido. El siguiente texto ofrece una breve descripción de un programa de estudios en Bilbao, España.

1–8 **Antes de leer.** En parejas, contesten las siguientes preguntas.

1. ¿Qué buscan en un programa de estudios en el extranjero? Hagan una lista por orden de importancia de las características necesarias de un buen programa de estudios en un país hispano.

2. ¿Qué ventajas y desventajas tiene estudiar en el extranjero en un programa de estudios establecido, en comparación con estudiar por su cuenta?

Universidad de Deusto, Bilbao, España

Centro Internacional de Español CIDE

Bienvenidos al Centro Internacional de Español (CIDE), con sede en la **Facultad de Ciencias Sociales y Humanas de la Universidad de Deusto.** CIDE es responsable de proporcionar a todos los estudiantes internacionales de movilidad matriculados en grados, postgrados y otros programas específicos de la Universidad de Deusto una formación de calidad para el desarrollo de las habilidades de comunicación en español.

CURSOS CIDE

CIDE ofrece una variedad de cursos diseñados específicamente para estudiantes internacionales y compatibles entre ellos en cuanto a horario. Durante el semestre, las clases se imparten por la mañana y/o tarde de lunes a jueves.

- Lengua española: Cursos de lengua española
- Cultura, política y economía en la sociedad española contemporánea

- Cultura y lengua vascas
- Español de negocios
- Europa en el mundo
- Introducción a la lingüística hispánica
- Introducción al análisis de la literatura hispánica
- Panorama de literatura española
- Prácticum: Español en Contexto (teatro, cocina...)
- Aprendizaje y servicio

Acceso a cursos con estudiantes españoles

Los estudiantes CIDE pueden acceder a algunos cursos regulares de la Universidad de Deusto con estudiantes españoles. Se ofrecen cursos (impartidos en inglés o castellano) en las siguientes áreas dependiendo de la oferta de cada semestre.

- Literatura
- Derecho
- Antropología
- Informática
- Historia
- Psicología
- Teología
- Sociología

- Educación
- Ingenierías
- Telecomunicaciones

Prácticas en educación o empresas

El Programa de Lengua y Cultura ofrece dos cursos de prácticas:

- Prácticas en educación
- Prácticas en empresa

ALOJAMIENTO

CIDE proporciona a los estudiantes antes de su llegada información sobre las distintas opciones de alojamiento disponibles. El programa se encarga de tramitar las solicitudes y actúa como mediador en caso de que surja algún problema.

Las opciones disponibles son las siguientes:

- Residencia universitaria:
  - Residencia mixta cercana a la Universidad.
  - Todas las habitaciones tienen cuarto de baño.
  - Tres comidas diarias.
  - Ropa de cama y toallas.
  - Las instalaciones incluyen: sala de lavadoras (lavadoras y secadoras funcionan con fichas; plancha disponible), biblioteca, sala de estudio, sala de TV, sala de ordenadores (acceso gratuito a Internet) y gimnasio.
  - Servicio de recepción 24 h.
- Estancia en familia:
  - Familias en Bilbao o alrededores (acceso en metro).
  - Integración en vida familiar.
  - Habitación individual o compartida (según disponibilidad).
  - Tres comidas diarias y lavado de ropa.
  - Uso del teléfono para recibir llamadas.
- Apartamento compartido:
  - Apartamentos compartidos con estudiantes en Bilbao.
  - Habitación individual o compartida (según disponibilidad) en apartamentos amueblados privados.
  - Uso de áreas comunes (cocina, baños y sala de estar).
  - Ropa de cama, toallas y mantas se proporcionan sólo en algunos casos.
  - Nota: En muchas ocasiones los apartamentos son mixtos.

VISITAS CULTURALES

Madrid, capital de España con lugares emblemáticos como la Plaza Mayor, la Puerta del Sol y famosos museos como El Prado.

Segovia, ciudad que conserva vestigios de la época romana, como el impresionante Acueducto Romano.

Incluye gastos de viaje, hotel, comidas de grupo y entradas a museos y monumentos.

Visita guiada por Bilbao: lugares emblemáticos y Museo Guggenheim.

Visita a pueblos costeros: barrio de pescadores y playas.

Visita a lugares históricos: Gernika y Mundaka.

Visita a Pamplona (Sanfermines) y San Sebastián.

Razones para venir a Bilbao

Es el centro cultural y de negocios más importante del norte de España gracias al pasado *boom* industrial. En nuestros días, Bilbao disfruta de una calidad de vida superior a la de la media de todo el país.

El Museo Guggenheim Bilbao ha sido la punta de lanza del espectacular proyecto de renovación que convirtió a la ciudad en un punto de referencia mundial para la arquitectura. Diseñado por el conocido arquitecto estadounidense Frank Gehry y abierto al público durante el otoño de 1997, el edificio de titanio tiene tanto valor como los tesoros de arte contemporáneo que contiene.

El Palacio de Congresos y de la Música, junto con el Museo Guggenheim Bilbao, ha contribuido a generar una vida cultural muy activa. La ciudad se ha convertido en sede de un gran número de eventos culturales, conciertos, ópera, obras de teatro y festivales cinematográficos.

La identidad de Bilbao, una mezcla entre las viejas tradiciones y la modernidad, también se apoya en otros elementos que hacen de la vida en la ciudad una experiencia única, tal como la coexistencia entre el español, la lengua materna mayoritaria, y el euskera o lengua vasca, un tesoro cultural y antropológico de origen desconocido conservado a lo largo de los siglos.

Situada en las orillas de la ría del Nervión, Bilbao está también rodeado de verdes montañas. Valles rurales, cordilleras montañosas y parques naturales cercanos proveen a los aficionados en el senderismo multitud de oportunidades de disfrutar del medio ambiente.

Tanto su casco viejo como sus céntricas avenidas acogen una combinación de tiendas y boutiques locales, el escenario perfecto para los amantes de las tiendas.

¿QUÉ QUIERE DECIR...?

- **alojamiento** (*sustantivo, m.*): lugar para vivir; generalmente se usa en el contexto turístico y de viajes.
  Ejemplo: Busco **alojamiento** en una residencia estudiantil.
- **amueblados** (*adjetivo, m., pl.; participio del verbo* **amueblar**): dotar en muebles un edificio, una casa, etc.
  Ejemplo: Tengo un apartamento alquilado que está **amueblado**: tiene cama, mesa, sillas, sofá, etc.
- **casco viejo** (*sustantivo, m.*): conjunto de edificios antiguos en el centro de una ciudad.
  Ejemplo: Me gusta pasear por el **casco viejo** de Barcelona.
- **fichas** (*sustantivo, f. pl.*): pieza pequeña, generalmente, plana y alargada, parecida a una moneda.
  Ejemplo: Cuando voy al casino, doy mi dinero a cambio de **fichas** para poder jugar a las cartas y ganar dinero.
- **emblemáticos** (*adjetivo, m., pl.*): representativo o simbólico.
  Ejemplo: La estatua de la Libertad en Nueva York es un símbolo **emblemático** de los Estados Unidos.
- **plancha** (*sustantivo, f.*): objeto eléctrico que se usa muy caliente para alisar la ropa.
  Ejemplo: Lavé esta camisa ayer y necesito una **plancha** porque no puedo salir así a la calle. La camisa tiene muchas arrugas y se ve fea.
- **punta de lanza** (*locución adverbial*): Se aplica a algo o alguien que lidera o avanza en una idea.
  Ejemplo: La investigación de mi profesor de lingüística es **la punta de lanza** en la evolución del lenguaje en pueblos de la selva del Amazonas.
- **ría** (*sustantivo, f.*): río pequeño y estrecho que se forma en la desembocadura del mar.
  Ejemplo: La **ría** del Nervión, de 14 kilómetros, atraviesa Bilbao y llega al mar Cantábrico.
- **senderismo** (*sustantivo, m.*): actividad deportiva o de tiempo libre que consiste en caminar por el monte o la montaña.
  Ejemplo: Practicar **senderismo** es bueno para la salud.
- **surja** (*verbo* [**surgir**]): aparecer, existir.
  Ejemplo: **Surgieron** problemas con mi préstamo estudiantil y no pude matricularme a tiempo.
- **vestigios** (*sustantivo, m., pl.*): monumento o ruina que se conserva de pueblos antiguos.
  Ejemplo: Segovia conserva **vestigios** romanos, como su acueducto.

Añade otras palabras nuevas que has aprendido del texto.

_____

_____

_____

1–9 **Trabajemos con el texto.**

1. El programa CIDE ofrece una gran variedad de cursos. ¿Cuáles son los más interesantes para ti y por qué?

2. El programa CIDE ofrece diversos tipos de alojamiento. En parejas, primero resuman brevemente y en sus propias palabras los tipos de alojamiento que se ofrecen. Después, describan las ventajas y las desventajas de los diferentes tipos de alojamiento usando sus propias experiencias o las de sus amigos/as.

3. Bilbao parece ser una ciudad muy bonita y bien localizada. ¿Cómo se describe en el texto? ¿Por qué es importante el lugar físico para estudiar en el extranjero?

Un reto

La posición de los adjetivos en español es variable. Generalmente, el adjetivo va después del sustantivo pero en ocasiones podemos usar el adjetivo delante del sustantivo. Cuando usamos el adjetivo delante del sustantivo su función es primordialmente destacar una cualidad del objeto; a veces un atributo lógica del sustantivo (*la blanca nieve, las verdes montañas, viejas tradiciones*) o una cualidad que queremos señalar como única o especial y que añade un valor subjetivo y a veces poético (*el impresionante acueducto, espectacular proyecto*).

En parejas, describan brevemente su ciudad de residencia actual usando como ejemplo la descripción de Bilbao en el texto. Usen al menos tres o cuatro adjetivos que destaquen alguna cualidad de la ciudad.

INVESTIGA

En busca de un programa de estudios

Uno de los primeros pasos para ir a estudiar a un país hispano es decidir qué programa y país te interesa. Busca en la red dos programas de estudios que te interesen y anota información sobre ellos como la duración, el costo, los cursos que se ofrecen, los requisitos y otras características de interés.

Nota: En el apéndice al final del libro y en la página Web *¡Qué me dices!* aparece el informe que debes completar con las ideas que encuentres.

EXPRESÉMONOS

1–10 **¿Cuál es la diferencia entre los programas?** Usando la información recogida en la actividad **Investiga: En busca de un programa de estudios,** hablen en grupos sobre los diferentes programas de estudios encontrados.

Paso 1: Cada persona describe sus programas en el grupo.

Paso 2: Decidan qué programa es más interesante. ¿Qué características tiene?

Duración: _____

Costo: _____

Cursos: _____

Requisitos: _____

Otras características: _____

Paso 3: Escojan dos programas semejantes. ¿Qué características tienen?

Programa en: _____

Duración: _____

Costo: _____

Cursos: _____

Requisitos: _____

Otras características: _____

Programa en: _____

Duración: _____

Costo: _____

Cursos: _____

Requisitos: _____

Otras características: _____

En general, ¿hay muchas diferencias y semejanzas entre los programas?

¿Por qué las amistades que se forman en el extranjero son tan especiales?

1–11 **Entrevista con tu consejero académico.** Ahora que ya tienes algún programa en el extranjero donde quieres estudiar, necesitas entrevistarte con tu consejero académico. Aquí tienes la oportunidad de entrevistarte con diferentes consejeros y al final deberás decidir qué entrevista te resultó más favorable.

Paso 1: Individualmente, piensa en el tipo de preguntas que probablemente va a hacerte el consejero.

> **Modelo:** *¿Por qué quieres estudiar en el extranjero?*
>
> 1. _____
> 2. _____
> 3. _____
> 4. _____
> 5. _____

Paso 2: En grupos, comparen su lista de preguntas del **Paso 1** y hagan cambios a su lista si lo creen necesario.

Paso 3: Entrevístate con dos o tres consejeros distintos. La entrevista tiene dos partes. Primero, el consejero va a entrevistarte. En tus respuestas, asegúrate de que te describes a ti mismo con mucho detalle y haz preguntas si es necesario. Después, el consejero va a describir un programa de estudios que puede ser bueno para ti y tú debes hacerle todas las preguntas necesarias para tener toda la información relevante sobre este programa.

¿Qué entrevista fue la más favorable? ¿Por qué?

1–12 **Recomendaciones orales.** Otro aspecto importante en el proceso para solicitar estudiar en el extranjero es conseguir buenas recomendaciones académicas de tus profesores. En esta actividad las recomendaciones van a ser orales y las van a ofrecer tus compañeros/as.

Paso 1: En grupos, describan individualmente sus características académicas y anoten la información de sus compañeros/as.

Paso 2: En un grupo diferente, cada persona ofrece la recomendación oral de sus compañeros/as usando la información que anotaron en **Paso 1.**

Paso 3: La universidad otorga dos becas para estudiar en el extranjero. Según las recomendaciones de su grupo, ¿qué dos personas son los/las mejores candidatos/as para las becas? ¿Por qué?

LAS COSAS DEL DECIR

Los diminutivos en el español no solamente se usan para describir una característica pequeña de un objeto o persona sino también para añadir un tono personal y emocional.

La terminación **-illo** frecuentemente se usa para disminuir el carácter ofensivo de alguna cosa o quitarle la importancia a algo.

Eres un **mentirosillo.**

Tengo unas **cosillas** que hacer.

La terminación **-ito** ofrece un tono amistoso y también es común en el lenguaje amoroso.

Un **momentito**, por favor.

¿Alguna **cosita** más, **amorcito**?

La terminación **-ete** a veces ofrece un tono humorístico y/o despectivo.

Juan es mi **amiguete**. Está un poco **gordete.**

En Latinoamérica el uso del diminutivo es muy frecuente.

Ahorita lo voy a hacer (es decir ahora mismo).

Clarito lo recuerdo.

Recientito acabamos de llegar.

 ¡A dialogar!

Con un/a compañero/a, decidan qué terminaciones se pueden añadir a estas palabras y piensen en diferentes ejemplos para reflejar el significado del diminutivo.

Modelo: corazón → **corazoncito** → ¡Mi corazoncito, te quiero mucho!

Terminaciones posibles: **-ete, -illo/a, -ito/a**

Palabras: viejo, perezoso, ladrón, marido.

 Amigos sin fronteras

Contacta a tus amigos/as y pregúntales qué palabras diminutivas se usan con frecuencia en su país. Pregúntales cuál es el significado de estas palabras y en qué contextos se usan. En clase, comparte la información que recibas.

¿Cómo añade humor el uso del diminutivo en "Pablito"?

PROFUNDICEMOS

PREPARÉMONOS

 1–13 La vida en familia. Generalmente el alojamiento en el extranjero se ofrece con familias anfitrionas. Las diferencias culturales e individuales a veces son un obstáculo para tener una experiencia positiva con la familia anfitriona. En grupos, describan en detalle a su familia y a la familia con la que sería ideal alojarse durante su estancia en el extranjero. En su descripción deben incluir lo siguiente:

1. las personas de la familia y sus características
2. la rutina familiar
3. las reglas de la familia

Presenten la información en clase y entre todos describan a la familia ideal para estudiar en el extranjero.

Conocer a la gente del país es importante para poder integrarse en la cultura. ¿Qué pasos se deben dar para llegar a formar amistades con los nativos del lugar?

INFÓRMATE

Existen programas de estudio en el extranjero que incorporan trabajo social en la comunidad. Uno de estos programas tiene lugar en Perú.

 1–14 Antes de leer. En parejas, contesten las siguientes preguntas.

1. En los Estados Unidos el voluntariado social es bastante popular. ¿Qué tipo de actividades puede hacer un voluntario en su comunidad ¿Qué es necesario para llegar a ser voluntario?

2. ¿Qué ventajas tiene un programa de estudios que además se enfoca en el voluntariado social? ¿Qué preguntas tienen sobre un programa así?

AMAUTA: Escuela de Español

PROGRAMA DE VOLUNTARIADO DE AMAUTA

El programa de voluntariado en AMAUTA otorga la oportunidad de vivir y trabajar en Perú. Experimentarás de antemano la diversidad cultural mientras vas **cultivando** un nivel superior en el idioma español. A través del programa de voluntariado, Amauta y los voluntarios pueden contribuir a la sociedad peruana y mejorar la relación entre los visitantes extranjeros y los **cusqueños**.

TIPOS DE VOLUNTARIADO

Los participantes pueden elegir tanto el campo acción como el lugar preferido para realizar su trabajo. Los campos de interés que se pueden escoger incluyen trabajo social, educación, turismo, trabajo cultural. La mayoría de los proyectos de AMAUTA están **ubicados** en Cusco, pero también los hay fuera de la ciudad. La lista completa de los 30 proyectos puede ser enviada previa solicitud.

PROCEDIMIENTO

Cuando te inscribas en el paquete de trabajos voluntarios, te pediremos que nos envíes: tus preferencias de proyectos, tu curriculum vitae y una carta de motivación. Cuando solicitamos el puesto, nuestro coordinador hace un resumen de tus objetivos, tu nivel de español, tus experiencias anteriores y la duración de las mismas así como las necesidades de la organización. Cuando la organización de voluntariado este de acuerdo con tu colocación, te enviaremos la confirmación del trabajo voluntario (documentos de ubicación). La decisión final de aceptación de un estudiante en uno de los proyectos será tomada por la organización.

EL PAQUETE INCLUYE

- Cuatro semanas de cursos de español con alojamiento de acuerdo a tu elección;
- Cuatro semanas de alojamiento en la residencia para estudiantes de AMAUTA durante tu trabajo voluntario;
- Organización del trabajo voluntario;
- El paquete de información a tu llegada;
- Participación en las actividades estudiantiles de AMAUTA (p. ej.: exposiciones, clases de salsa, etc...);
- Reunión de voluntariado (mínimo una) incluye información básica de la sociedad peruana y la ubicación de las trabajos voluntarios;
- Reunión personal con el coordinador de trabajos voluntarios de AMAUTA;
- Visita al proyecto en el primer día de trabajo incluyendo transporte
- Certificado de trabajo.

APOYO QUE OFRECE AMAUTA

A la llegada a Cusco, los estudiantes reciben un paquete de información con información preliminar referente a las experiencias del trabajo voluntario. AMAUTA organiza una reunión de introducción, con información general sobre: historia y cultura peruana, trabajo en Perú como extranjero, diferencia cultural y la jerarquía de la sociedad peruana.

Durante sus estudios los estudiantes tendrán la oportunidad de discutir sobre el lugar apropiado para realizar el trabajo voluntario (en base a sus objetivos, experiencias esperadas, etc…), personalmente con el coordinador de voluntariado.

Durante el trabajo voluntario, la reunión semanal de voluntarios sirve para compartir experiencias y **subsanar** dudas.

EL CURSO DE ESPAÑOL

En el paquete de voluntariado está incluido el curso de español de cuatro semanas (mínimo), que puede ser individual o en grupo, el cual prepara al estudiante para empezar a comunicarse en español. AMAUTA te ofrece tutoría especialmente adecuada a tu nivel y objetivos personales. AMAUTA es reconocida por su método de enseñanza interactivo, comunicativo y personalizado.

Todos los programas incluyen actividades diarias libres (cocina, salsa, música, exposiciones sobre cultura e historia, cine, cena de bienvenida), así como el material de estudio, uso ilimitado de Internet, descuentos en diferentes lugares con el carné de estudiante que otorga la escuela, certificado de estudios, y visita guiada por la ciudad el primer día de tu llegada a la escuela. Los cursos de cultura son muy populares, son de gran ayuda para mejorar tu español mientras escuchas y participas en todas las actividades que están dirigidas a tu aprendizaje, en un ambiente dinámico dónde aprenderás sobre la cultura peruana-latinoamericana, esto es una hora diaria durante la semana, y está incluido en tu programa.

INFORMACIÓN PRÁCTICA Y REQUERIMIENTOS MÍNIMOS

Necesitarás de un mínimo de ocho semanas para dedicarlas al programa de voluntarios. Las cuatro primeras semanas estudiarás español; luego se continuará con cuatro semanas de trabajo voluntario. Durante el curso de español puedes elegir donde quedarte: con una familia peruana, o en la residencia para estudiantes. Durante tu trabajo voluntario te quedarás en la residencia de estudiantes junto con los otros estudiantes y voluntarios.

DONACIONES PARA EL VOLUNTARIADO

Aunque participar en el programa de voluntariado es completamente gratuito (todo lo que pagas es tu curso y alojamiento), a todos los voluntarios se les pide una contribución voluntaria. Este dinero es doblado por AMAUTA y es usado para apoyar los proyectos. Según las necesidades más urgentes de los proyectos, compramos comida, colaboramos con infraestructura (compramos pintura, o ayudamos a arreglar los baños, una ventana rota, etc.) o compramos materiales educativos.

PRECIOS				
Tipo	Precio	Clases	Fecha de inicio	Incluye
Programa estándar	$2005	4 semanas de clases/80 sesiones	Cualquier lunes	8 semanas de alojamiento, 4 semanas de clases y una cuota de gastos de voluntariado.
Programa Plus	$2929	4 semanas de clases/80 sesiones	Cualquier lunes	16 semanas de alojamiento, 4 semanas de clases y una cuota de gastos de voluntariado.
Pasantía	$3582	4 semanas de clases/80 sesiones	Cualquier lunes	20 semanas de alojamiento, 4 semanas de clases y una cuota de gastos de voluntariado.

¿QUÉ QUIERE DECIR...?

- **cultivando** (*verbo* [**cultivar**]): en el contexto educativo, desarrollar o adquirir conocimientos con la práctica.
  Ejemplo: Mientras leo textos en español **cultivo** mis conocimientos del léxico del idioma.

- **cusqueños** (*adjetivo, m., pl.*): perteneciente u originario de Cusco, ciudad en Perú.
  Ejemplo: Me encanta Cusco, es una ciudad tan histórica y los **cusqueños** son gente muy amable.

- **subsanar** (*verbo*): reparar, remediar, corregir.
  Ejemplo: Las clases de tutoría me ayudan mucho porque el tutor **subsana** todas las dificultades que tengo con el material del curso.

- **ubicados** (*adjetivo, m., pl.; participio del verbo* **ubicar**): estar situado o localizado en un lugar específico.
  Ejemplo: El gimnasio de la universidad está **ubicado** entre la biblioteca y el centro estudiantil.

Añade otras palabras nuevas que has aprendido del texto.

Voluntario : una persona que ayuda una organización en su tiempo libre

Tus frases con el vocabulario :

La clase de Español cultiva mis habilidades de la lengua.

1–15 Trabajemos con el texto.

1. Describe de forma cronológica los pasos para solicitar la admisión al programa y las primeras actividades que tienen lugar al llegar a Cusco. ¿Te parece suficiente la ayuda que ofrece el programa? ¿Por qué?

2. ¿Qué características atractivas ofrece el programa académico de español? ¿Crees que el programa académico necesita algo más? ¿Qué y por qué?

3. ¿Qué tipos de programas y residencia existen? ¿Cuál es el que más te interesa y por qué?

4. ¿Qué ventajas ofrece este programa para el estudiante y para la sociedad peruana? ¿Por qué piensas que se sugiere una donación al programa? ¿Crees que un programa de voluntariado puede cambiar tu vida? Explica tu respuesta.

Amigos sin fronteras

Contacta a tus amigos/as y pídeles que describan un sitio interesante para visitar en su país. En clase, comparte la información que recibas.

Conoce bien un país a través de su oficina de turismo

Antes de viajar es necesario aprender un poco de la cultura del país donde uno va a estudiar. En la red, localiza las oficinas de turismo del país donde quieres estudiar y busca información sobre la geografía del país, un poco de su historia, sitios interesantes, monumentos nacionales, parques, playas o lo que más te interese del país.

Nota: En el apéndice al final del libro y en la página Web *¡Qué me dices!* aparece el informe que debes completar con las ideas que encuentres.

EXPRESÉMONOS

 1–16 **Presentaciones culturales.** Forma pareja con alguien que no seleccionó el mismo país que tú en **Investiga: Conoce bien un país a través de su oficina de turismo** y, en detalle, describan toda la información del país que investigaron. Al final, preparen una pequeña presentación a la clase donde comparan los dos países estudiados.

Un diario de viaje es una colección de fechas, lugares, anécdotas y fotos. ¿Qué ventajas tiene hacer un diario de viaje cuando se estudia por un tiempo largo en el extranjero? ¿Qué se puede incluir en el diario?

 1–17 **Una visita a la oficina de turismo.** Uno de los lugares más visitados cuando se viaja al extranjero es la oficina de turismo. En parejas, preparen y representen la conversación que puede llevarse a cabo en una oficina de turismo. Usen la información cultural obtenida en **Investiga: Conoce bien un país a través de su oficina de turismo** y la situación específica que reciben de su maestro.

1–18 ¿Cómo se conoce un país? En clase mencionen los países estudiados en **Investiga: Conoce bien un país a través de su oficina de turismo** y presenten algunas de sus características principales. En grupos, debatan qué ofrecen a un turista estos países latinos que no ofrecen los Estados Unidos y viceversa. ¿Qué es más importante para conocer la cultura de un país: su historia o su presente, sus monumentos o su gente?

La dieta latinoamericana incluye arroz, frijoles, carne, tortas, y frutas tropicales. ¿Estás preparado para probar comidas nuevas?

 Amigos sin fronteras

Contacta a tus amigos/as y pregúntales qué comidas son típicas en su país. En clase, comparte la información que recibas.

 ## PUNTO Y FINAL

De la misma manera que tú estás interesado/a en la ciudad donde puedes estudiar en el extranjero, tu familia anfitriona seguro que tiene mucha curiosidad por saber del lugar donde vives.

En parejas, describan en detalle la ciudad donde residen con su familia. Hablen sobre aspectos físicos de la ciudad, lugares interesantes para visitar, el tipo de vivienda, las profesiones de sus habitantes, etc. Recuerden que lo importante es ofrecer tanto detalle como sea necesario. Presten atención a las estrategias de descripción del capítulo.

Encuentros diarios
Los turnos de habla

En la conversación cara a cara los participantes toman turnos de forma inmediata y dinámica pero respetando las señales que se ofrecen. Las señales como una pausa, un tono descendiente, alargamiento de los sonidos al final de un mensaje, indican cambio de turno en la conversación. Por lo tanto, es necesario prestar atención al tono y las palabras que se usan para poder intervenir en la conversación de forma apropiada. Por ejemplo, en la cultura española se tiende a interrumpir o hablar simultáneamente. De hecho, la interrupción a veces se considera como señal de interés en la conversación.

El uso alternante de preguntas y respuestas ayuda a que los turnos de habla aparezcan de forma natural y apropiada. Por eso, en la conversación es necesario escuchar atentamente y hacer preguntas relevantes para mostrar interés en la conversación. Examina la conversación entre Maite y Clara y observa cómo se hacen los turnos de habla, la interrupción y cómo las respuestas dan paso a las preguntas.

M: ¿Cómo es la universidad de Salamanca ?

C: Es una universidad pública y… no sé es bastante grande, tiene bastante prestigio, cosa que no entiendo

M: ¿Por qué no entiendes?

C: Porque… no sé la calidad de las instalaciones y tal, no creo que sea la mejor

M: Bueno, y has dicho que era bastante grande, ¿no? ¿Cuántos alumnos más o menos crees que puede haber?

C: En algunas disciplinas es enorme. Por ejemplo, en hispánicas es enorme, igual hay siete grupos.

M:
hispánicas solamente? ▲¿de

C: ▲de hispánicas solamente, siete grupos como de 70 personas cada grupo y de inglés hay más todavía.

M: Y hay muchos estudiantes internacionales o…

C: ▲muchísimos, sí… Y Deusto es…?

M: ▲Deusto es una universidad
privada de los jesuitas

C: religiosa?

M: Bueno a ver en teoría sí, pero en la práctica ningún profesor es religioso o…

C: ▲ya, ya, …..¿el dinero lo ponen los jesuitas?

M: Bueno, el dinero lo ponemos los estudiantes.

C: Vale, ¿y en cuánto al número de alumnos?

M: Ni idea

C: ▲A ver, ¿para filología inglesa? ¿Cuántos erais?

M: ▲éramos una familia, éramos como 22 o así en una clase, muy acogedor
¿y en tu caso era así también o…?

C: No. En mi caso no era así, no, no. Hay muchas personas, los profesores ni te conocen. Solo conocen a algunos alumnos si vas mucho a clase.

M: ▲A ti no te conocían, no?

C: ▲Sí, aunque me saltaba alguna clase y entonces..

M: En Deusto eso no lo podías hacer

C: ▲¿Pasaban lista?

M: Pasaban lista todos los días y entonces tenías que ir a clase

C: ▲¿En todas las clases o solo en algunas?

M: Bueno, si no ibas el profesor ya sabía que faltabas

C: ▲Sí, claro.

Tu turno

1 Estudiante A

Vas a compartir apartamento con un estudiante en México mientras estudias allí un semestre. La universidad quiere asegurarse de que los compañeros de apartamento son compatibles y, por eso, ofrece la oportunidad de que conozcas a diferentes personas para poder compartir el apartamento. Vas a hablar con un/a posible compañero/a de apartamento. En particular te interesa saber sobre:

a. sus hábitos de estudio

b. los quehaceres en la casa (quién hace qué cosa, cuándo, etc.)

c. su personalidad

Haz diferentes preguntas para cada tema. Escucha bien las respuestas y haz preguntas basadas en las respuestas que oyes.

2 Estudiante A

Escoge un lugar en los Estados Unidos que conozcas bien; puede ser tu ciudad natal o un lugar que hayas visitado con frecuencia. Imagina que un/a amigo/a latinoamericano/a quiere pasar sus vacaciones en los Estados Unidos y tú quieres recomendar el lugar que conoces bien. En la conversación haz preguntas para saber cómo es él/ella y describe el lugar que quieres recomendar. Recuerda que, para que tu recomendación tenga éxito, debes prestar atención a las respuestas que oyes para poder destacar características relevantes del lugar que recomiendas.

Estudiante B

Vas a compartir apartamento con un estudiante en México mientras estudias allí un semestre. La universidad quiere asegurarse de que los compañeros de apartamento son compatibles y, por eso, ofrece la oportunidad de que conozcas a diferentes personas para poder compartir el apartamento. Vas a hablar con un/a posible compañero/a de apartamento. En particular te interesa saber sobre:

a. sus hábitos de comer

b. sus pasatiempos

c. su personalidad

Haz diferentes preguntas para cada tema. Escucha bien las respuestas y ofrece preguntas basadas en las respuestas que oyes.

Estudiante B

Eres un/a estudiante latinoamericano/a que quiere visitar los Estados Unidos pero solo tienes una semana y no sabes adónde quieres ir. Tienes un presupuesto limitado, vas a viajar solo/a, te gusta probar comidas nuevas y participar en tradiciones culturales. No te interesan los museos ni los tours organizados. Quieres conocer la cultura a través de la gente. En la conversación tu amigo/a va a recomendarte un lugar para visitar. Haz todas las preguntas necesarias para saber si este lugar ofrece todo lo que buscas.

Vocabulario

Términos académicos

Requisitos universitarios

asistir a clases	to attend classes
la beca	scholarship
el/la becado/a	scholarship holder
el curso/la materia	course, class
el curso/la materia obligatorio/a	required course
el curso/la materia optativo/a/opcional	elective course
graduarse	to graduate
ingresar en la universidad/la facultad de	to enroll in the university/the school
[medicina, historia]	[of medicine, history]
llenar los impresos/ formularios	to fill out forms
la matrícula/el registro	registration
la cuota de matrícula/ la colegiatura	tuition fee
el plazo de matrícula	registration period
matricularse	to register
preparar el horario de clases	to prepare the class schedule
el préstamo para estudiantes	student loan
solicitar ayuda financiera	to apply for financial aid
la solicitud	application

En el salón de clases

aprender/repasar la materia	to learn/review the material
aprobar el curso	to pass the course
el esfuerzo	effort
el ensayo	essay
el esquema/bosquejo	outline
el informe/reporte	report
la redacción/composición	composition
el trabajo de investigación	research paper
un trabajo escrito	any type of academic paper
prestar atención	to pay attention
hacer un examen/ examinarse/ rendir un examen/tomar un examen	to take an exam
reprobar/suspender/ perder	to fail; to flunk (an exam, a course)
sacar buenas/malas notas/calificaciones	to get good/bad grade
tomar apuntes/notas	to take notes

Los estudios

la asignatura/materia	subject
el bachillerato	high school diploma
la carrera	profession/ academic degree
la especialidad	major
la especialidad secundaria	minor
la licenciatura	bachelor's degree
la secundaria/ preparatoria/el instituto (España)	high school
el título	diploma; title

Las personas

el/la alumno/a de primer año	freshman
de segundo año	sophomore
de tercer año	junior
de cuarto año	senior
el/la ayudante	assistant
el/la becario/a	intern
la práctica profesional/ el período de prácticas/ la pasantía	internship
el/la catedrático/a	full professor
el/la consejero/a	advisor/counselor
el/la decano/a	dean
el/la jefe/a del departamento	chair of department
el/la profesor/a	professor, teacher
el/la rector/a	chancellor

El folclore hispano

Expresar gustos y preferencias

Carnaval de Barranquilla,
Colombia

Objetivos de comunicación

Los gustos y preferencias son parte de la conversaciones cotidianas. En este capítulo vamos a aprender formas para expresar agrado o desagrado y el por qué de nuestras perferencias. El tema base para la conversación será el de la cultura popular hispana en fiestas, bailes y tradiciones.

Lecturas

La Feria, una tradición que vibra en Medellín

El tradicional y castizo baile madrileño procede de Escocia

Investiga

Fiestas hispanas

Bailes hispanos

La feria de Abril en Sevilla, España

Carnaval es antes de Cuaresma

Cuaresma = Lent
· 40 días

¿Qué características tiene el folclore en general?

¿Qué representa el folclore para la cultura de un país?

¿Qué fiestas o tradiciones hispanas conoces?

¿Has participado en alguna tradición hispana?

Expresar gustos y preferencias

1. Hay expresiones comunes que se usan para expresar gustos como **me gusta, me apetece.** Sin embargo, es siempre importante explicar la razón del agrado o desagrado. Esta explicación puede incluir una descripción del objeto, persona o evento del que se habla; una anécdota personal o un sentimiento.

   Ejemplo: *El merengue **me fascina** porque es muy rítmico, alegre y sensual.*

   ***Me encanta** la sangría porque la primera vez que la tomé me lo pasé fantástico.*

   *Los carnavales **me gustan** mucho porque me hacen sentir libre, desenfadado y muy alegre.*

2. Es posible también expresar una preferencia simplemente describiendo el objeto, la persona o el evento de forma positiva.

   Ejemplo: *La feria de abril de Sevilla es una fiesta divertida, alegre, con mucha luz, bailes y amigos por todas partes. No es posible sentirse solo ni triste en esta feria. La música es muy bailable, alegre y con mucho ritmo.*

3. Igualmente es posible expresar desagrado simplemente describiendo el objeto, la persona o el evento de forma negativa.

   Ejemplo: *La corrida de toros es violenta, sangrienta e inhumana.*

¡Vamos a practicar!

2–1   Comida típica. La comida es uno de los elementos más distintivos de una cultura. ¿Qué comidas caracterizan a los Estados Unidos? En grupos, cada persona describe de forma positiva o negativa una comida o bebida típica estadounidense (por ejemplo, la Coca-Cola) para mostrar su agrado o desagrado pero sin mencionar el nombre. El resto del grupo debe adivinar la comida o bebida de la que se habla.

Modelo: *Me encanta el verano porque comemos esta comida en las barbacoas. Creo que la carne es fantástica, jugosa y buenísima con queso, ketchup y mostaza.* (Respuesta: la hamburguesa)

Esta es la bebida típica entre los jóvenes universitarios. Se bebe en las fiestas y la gente se emborracha con facilidad, dice cosas estúpidas, vomita y huele mal. (Respuesta: la cerveza)

2–2 **¿Le gusta o no le gusta?** En grupos, describe en detalle costumbres típicas de tu familia sin mencionar explícitamente tu agrado o desagrado. El grupo debe decidir el grado de preferencia que demuestra la descripción según la siguiente escala.

1. Le gusta muchísimo.
2. Le gusta un poco.
3. No le gusta nada.

Modelo: *En mi casa el día después de Acción de Gracias vamos de compras todo el día. Generalmente salimos a las 6 de la mañana y no regresamos a casa hasta las 3 de la tarde. Es un día muy largo, hay mucha gente en las tiendas y gastamos mucho dinero. Cuando llegamos a casa estoy cansado, enojado y solo quiero dormir.*

Grado de preferencia: *No le gusta nada porque se cansa mucho, gasta mucho dinero y se enoja.*

Expresiones útiles

Para expresar agrado

a. Expresiones seguidas de un sustantivo o un verbo en infinitivo:

Adoro...	Me encanta...
Me agrada...	Me entusiasma...
Me apasiona...	Me fascina...
Me apetece...	Me gusta...
Me complace...	Me interesa...

b. Expresiones seguidas de un infinitivo:

Es un gozo...	Es un placer...

c. Expresiones que se usan con personas:

Aprecio a...	Me cae bien...	Me cae en gracia...

d. Otras expresiones:

Es choro (*Chile*)...	Me lo he pasado bomba (un evento, una fiesta)...
Estoy loco/a por...	Me parece genial...
Me chifla (*España*)...	Me parece fascinante...
Me gusta con locura...	Me vuelve loco/a...
Me gusta horrores...	Soy (un/a) fanático/a de...

Para expresar indiferencia

Me da igual...	Me es indiferente...
Me da lo mismo...	No me importa...
Me deja frío/a...	No me interesa...
Me es igual...	Tanto me da (*España*)...

Para expresar desagrado

a. Expresiones seguidas de un sustantivo o un verbo en infinitivo :

Aborrezco...	Me molesta...
Detesto...	Me preocupa...
Me aburre...	Me repugna...
Me da asco...	No aguanto...
Me desagrada...	No me gusta...
Me disgusta...	No soporto...
Me fastidia...	Odio...
Me horroriza...	

b. Expresiones que se usan con personas:

Me aburre...   Me cae gordo...

Me cae fatal...   No me atrae...

Me cae mal...

c. Otras expresiones:

Me choca (*México*)...   Me patea (*Chile*)...

Me harta (*México*)...   Me repatea (*España*)...

Cómo preguntar a alguien sobre su agrado por algo

¿Te gusta(n)...?   *¿Te gusta la Navidad?*

                            ¿Te gustan las ferias locales?

¿Qué te parece(n)...?   *¿Qué te parece el Superbowl?*

¿Qué prefieres...?   *¿Qué prefieres, la radio o la televisión?*

¡Vamos a practicar!

2–3 **¿Qué te parece...?** Los medios de comunicación en los Estados Unidos tienen una gran influencia en la vida de los estadounidenses. En parejas, hagan una lista de cinco eventos o características del cine, la televisión, la radio o la prensa estadounidense (p. ej.: los anuncios comerciales durante el Superbowl, la prensa sensacionalista, los premios Óscar). Entrevisten a varias personas para saber sus preferencias sobre estas cosas y compartan las respuestas obtenidas. ¿Hay alguna opinión en común?

Modelo: **E1:** *¿Qué te parecen los Óscars?*

               E2: *Me aburren.*

               E1: *¿Por qué?*

               E2: *Es un programa muy largo donde no pasa nada interesante.*

2–4 **Los personajes de nuestra cultura.** Entre todos hagan primero una lista de personajes conocidos de la cultura estadounidense (p. ej.: Jimmy Fallon, Hillary Clinton, Ellen DeGeneres). En parejas, expresen su agrado o desagrado usando las expresiones presentadas y ofreciendo una explicación clara de su opinión. En general, ¿cuál es el personaje que más agrada y el que menos?

Modelo: **E1:** *Me encanta Angelina Jolie porque es una actriz fantástica y además trabaja mucho con organizaciones caritativas. Y a ti, ¿te gusta Angelina Jolie?*

               E2: *A mí no me interesa mucho porque no me gustan sus películas. Las películas de acción me aburren. Pero admiro su interés por los pobres.*

Vocabulario del tema: Fiestas y tradiciones

Los acontecimientos

el baile	dance	el desfile	parade
la cabalgata[1]	process ion, parade	el espectáculo	show
el carnaval	carnival	la feria[3]	fair
la carroza	float	los fuegos artificiales	fireworks
la comparsa[2]	masquerade (in carnival)	la procesión[4]	procession
el concurso	contest	la verbena[5]	festival held on eve of saint's day

Algunas costumbres

el/los adorno/s	ornament(s)	el/los petardo/s	firecracker(s)
el los antifaz/antifaces	mask(s)	el/los traje/s regional/es	traditional dress(es)
el/los disfraz/disfraces	costume(s)	el/los rito/s	rite(s)
disfrazarse	to disguise oneself		

Sus características

la alegría	happiness	el jolgorio	merrymaking
alegre	happy	la vistosidad	colorfulness
el bullicio	uproar	vistoso	colorful
bullicioso	busy, noisy		
la fantasía	fantasy		
fantasioso	imaginative		

Otros términos relacionados

el atuendo	attire	el patrón	patron saint
conmemorar	commemorate	la raíz	root, origin
el día feriado/festivo	holiday	el recorrido	course, route
la festividad/el festejo	festivity	la vestimenta	clothes
la fiesta patria	national holiday (Mexico)		

[1]El 6 de enero los niños hispanos reciben los regalos de Navidad. La palabra **cabalgata** se usa con relación al desfile típico de los Tres Reyes Magos el 5 de enero en ciertos países hispanos como España y México (la **cabalgata** de los Reyes Magos).

[2]Las **comparsas** son grupos de personas que presentan canciones con tono irónico y crítico pero divertido durante los carnavales u otras fiestas similares.

[3]En las **ferias** latinas se pueden encontrar lugares para comer y beber, juegos mecánicos para niños y adultos, exposiciones de animales, tienditas con artesanía y escenarios pequeños para actuar.

[4]La palabra **procesión** en el mundo hispano tiene una connotación religiosa. Es un desfile de personas que acompañan la estatua de un santo o que caminan hacia una iglesia para visitar un santo.

[5]Las **verbenas** son fiestas populares que se celebran en una plaza con música, baile y comida.

¡Vamos a practicar!

 2-5 **¡Tabú!** En parejas, escojan diez palabras de la lista del vocabulario del tema y para cada una de ellas escriban tres conceptos relacionados (p.ej., carnaval: disfraces, Nueva Orleans, fiesta). En clase, mezclen todas las palabras. En grupos, escojan un grupo de palabras y cada persona describe las palabras a sus compañeros/as sin usar los conceptos relacionados. ¿Pueden adivinar qué es?

Modelo: (atuendo: disfraces, Nueva Orleans, fiesta)
Definición: *Es la ropa típica del país que las personas llevan en una festividad popular o nacional.*

 2-6 **¿Qué gusta a quién?** Generalmente, las personas tienen opiniones muy distintas respecto a las mismas tradiciones o costumbres. Usando la lista de tradiciones estadounidenses, decidan cuál es la preferencia para cada una de las siguientes personas. En parejas, compartan sus opiniones y expliquen el por qué de sus decisiones.

Tradiciones:

1. el desfile del día de Acción de Gracias
2. las ventas de garaje (*garage sales*)
3. la fiesta de *prom*
4. un *"baby shower"*

Personas:

1. los niños
2. los padres
3. una persona mayor
4. nosotros/as los/as estudiantes
5. yo

Modelo: Trick-or-Treat
A una persona mayor Trick-or-Treat le es indiferente porque no participa de forma activa en la actividad. A los niños les encanta Trick-or-Treat porque pueden usar disfraces y recibir muchos dulces. A los padres no les hace gracia Trick-or-Treat porque sus hijos comen demasiados dulces.

 Buscapalabras. A veces nos encontramos con palabras que no tienen una traducción directa, por ejemplo, *baby shower*, porque son términos representativos de una cultura. En estos casos, no es posible una traducción literal y por eso, es importante usar el diccionario para conocer el significado de las palabras por separado y así después poder ofrecer una descripción adecuada. Explica los siguientes términos usando primero el diccionario para encontrar el significado de algunas de sus palabras por separado, y después, ofrece la descripción apropiada.

- tailgating
- show-and-tell
- wedding shower
- school spirit day/week
- potluck dinner

Modelo: baby shower
Baby: *bebé*   Shower: *ducha, chaparrón* (heavy rain)
Incorrecto: *ducha de bebé*
Correcto: *Una fiesta para dar muchos regalos a una mamá que va a tener su primer hijo.*

EXPLOREMOS

PREPARÉMONOS

2–7 **Nuestras tradiciones.** Una manera de aprender y poder comprender la cultura de otro país es cuando la comparamos con nuestra propia cultura.

Paso 1: En grupos, hagan una lista de las tradiciones o fiestas típicas estadounidenses que encontramos en cada estación del año.

Primavera	Verano
_____	_____
_____	_____
_____	_____
_____	

Otoño	Invierno
_____	_____
_____	_____
_____	_____

Paso 2: Ahora cada grupo se centra en una estación y sus fiestas. Para cada fiesta, describan sus características.

Modelo: *En el otoño, Halloween. Características: Los niños se disfrazan y van de puerta en puerta pidiendo dulces. Las personas adultas compran dulces y dejan la luz de casa encendida para que los niños llamen a su puerta. Los jóvenes se disfrazan y van a fiestas, etc.*

Estación de nuestro grupo: _____

Fiestas y sus características:

1. _____
2. _____
3. _____
4. _____

El toro es un animal típico en ciertas tradiciones hispanas. ¿Por qué piensas que agrada tanto dominar a este animal?

Paso 3: Presenten la información del **Paso 2** al resto de la clase. ¿Están todos de acuerdo con las características mencionadas?

Paso 4: Vamos a hacer una pequeña encuesta para saber qué tradición o fiesta es la más apreciada en clase. En su grupo del **Paso 2**, preparen una encuesta usando las fiestas y sus características y entrevisten a tres o cuatro personas diferentes para saber sus preferencias. Los entrevistados deben explicar el por qué de sus preferencias. Tomen nota de lo que responden sus compañeros/as.

Modelo: *¿Te gusta Halloween? ¿Por qué?*
¿Qué es lo que más te agrada de esta tradición? ¿Por qué?
¿Hay algo que te desagrada de Halloween? ¿Por qué?

Paso 5: Después de la entrevista regresen a su grupo y compartan la información recogida. Hagan un resumen de las preferencias más populares y presenten sus resultados a la clase.

¿Cuál es la fiesta o tradición más popular para cada estación?

Un reto

En grupos, una persona describe elementos de una fiesta o tradición típica esta-dounidense que no le guste, sin usar la palabra "no" en sus descripciones. Los/as compañeros/as deben hacerle preguntas sobre su preferencia y el por qué de su elección, tratando de conseguir que esta persona llegue a decir "no" en sus respuestas. Túrnense en el juego.

Modelo: **E1:** *Me desagrada el desfile del día de Acción de Gracias.*
Compañeros/as: *¿Por qué?*
E1: *Porque creo que es aburrido.*
Compañeros/as: *¿Y por qué te parece aburrido? ¿No lo ves en la televisión?*
E1: *Cuando pasan el desfile tengo que estudiar. El desfile es largo y…*

INFÓRMATE

La feria es un tipo de fiesta popular que en los países hispanos tiene orígenes entre la población más humilde y trabajadora. La Feria de las Flores, en Mede-llín, Colombia, es una perfecta representación del trabajo de los campesinos y la belleza natural fruto de su trabajo.

 2-8   **Antes de leer.** En parejas, contesten las siguientes preguntas.

1. ¿Qué tipo de ferias conocen de su cultura? ¿Qué características tienen? ¿Qué saben de sus orígenes?

2. Los silleteros son personajes importantes en la Feria de las Flores. Miren la fotografía de silleteros desfilando por las calles. La palabra silletero viene de 'silla'. Los silleteros transportan las flores en su espalda durante el desfile. ¿Cuál es la relación entre la palabra 'silletero' y la forma de transportar las flores?

La Feria, una tradición que vibra en Medellín

La Feria de las Flores, cuyas actividades centrales se realizan este año entre el 25 de julio y el 10 de agosto, es, sin duda, el evento que reúne a todos los **antioqueños** y a miles de turistas que visitan nuestra ciudad por estos días, convirtiéndola en un espacio que vibra con las flores, la alegría, la paz y la diversión.

La primera Feria de las Flores que se realizó en Medellín fue el 1 de mayo de 1957, por ser el mes asignado a las flores, bajo la iniciativa del ilustre antioqueño Arturo Uribe, miembro por aquella época de la Junta de la Oficina de Fomento y Turismo.

En la programación de aquel entonces se incluyó una exposición de flores en el Atrio de la Catedral Metropolitana, organizada por el Club de Jardinería de Medellín y Monseñor Tulio Botero. Además, se dio inicio al Desfile de Silleteros, con la participación de 40 campesinos.

Con el paso del tiempo, la Feria fue tomando fuerza hasta convertirse, tal vez, en uno de los festejos más importantes de la ciudad y de mucho prestigio en el exterior. Esta actividad, que inicialmente se celebró en mayo, se festejó a partir de 1958 en agosto, mes de la independencia antioqueña y desde entonces no ha dejado de vestir, con variedad de colores, las calles de la ciudad.

TIPOS DE SILLETAS

El departamento de Antioquia, por su clima y calidad de suelo, es privilegiado para el cultivo de las flores. Esta actividad ha permitido a los campesinos de zonas **aledañas** a Medellín traer, desde hace varias décadas, a la Capital de la montaña sus flores para venderlas, práctica que los llevó a crear la silleta para su transporte y exhibición.

En la actualidad se trabajan cuatro tipos de silletas, clasificadas así:

Silleta emblemática

Tiene un mensaje cívico o educativo, se elabora con flores pegadas o clavadas de tal manera que no se vea el cartón o icopor donde van puestas. Las imágenes más utilizadas en estas silletas son los símbolos patrios, religiosos y retratos de personalidades.

Silleta monumental

Se caracteriza por ser realizada con flores colocadas en **ramilletes** enteros. Debe contener como mínimo cuatro variedades diferentes de flores, además de llevar obligatoriamente gladiolos y/o **espigas** alrededor.

Es una de las silletas más vistosas y coloridas, generalmente es de dimensiones astronómicas. Sus medidas mínimas son de 1,50 por 1 metro. Los campesinos seleccionan figuras más abstractas, que se prestan para hacer espectaculares creaciones.

Silleta tradicional

Esta silleta era la utilizada por los campesinos que vendían, a principio de siglo, las flores por las calles de Medellín o en la Placita de Flores. Su elaboración es más sencilla, pues lleva las flores colocadas en ramilletes enteros, realizada con **manojitos** de flores silvestres, amarradas individualmente y complementada con **follaje**. Su dimensión mínima es de 70 centímetros por 70 centímetros.

Silleta comercial

Es la más reciente y, como su nombre lo indica, es encomendada a los silleteros por una empresa que quiere tener presencia con su logotipo en el desfile.

Las silletas, excepto las comerciales, son evaluadas por un grupo de jurados que escogen las más bellas y las exaltan con un premio y una distinción especial.

¿QUÉ QUIERE DECIR...?

- **antioqueños** (*adjetivo, m., pl.*): de Antioquia, región de Colombia donde se encuentra la ciudad de Medellín.

- **aledañas** (*adjetivo, f., pl.*): cercano, próximo, vecino. Ejemplo: Manhattan, en Nueva York, es un barrio **aledaño** a Queens.

- **espigas** (*sustantivo, f., pl.*): tipo de flores donde el tallo es largo y las flores son pequeñas y salen del tallo. Las flores nuevas aparecen en la punta o el ápice del grano. La espiga más común es la del trigo. Ejemplo: Los cereales como el trigo o la harina proceden del fruto que se encuentra en las **espigas** de ciertas plantas.

- **follaje** (*sustantivo, m.*): conjunto de hojas y/o plantas. Ejemplo: En las selvas de Brasil hay mucho **follaje** porque llueve mucho.

- **manojitos** (*sustantivo, m., pl.; forma diminutiva de* **manojo**): Grupo de cosas que se pueden coger con la mano. Ejemplo: De camino a casa, recogí flores por el campo y traje un **manojo** a casa.

- **ramillete** (*sustantivo, m.*): Conjunto pequeño de flores. Ejemplo: Siempre que paseo por el campo regreso a casa con un **ramillete** de flores que recojo por el camino.

Añade otras palabras nuevas que has aprendido del texto.

_____

_____

_____

2–9 Trabajemos con el texto.

1. Explica en tus propias palabras y sin mirar el texto cómo se originó la feria.

2. Los silleteros son el símbolo de la fiesta. ¿Qué función tienen estos personajes en la feria? ¿Cómo muestran las flores durante el desfile? ¿Qué otras actividades festivas se podrían hacer con las flores?

3. Cada tipo de silleta tiene un objetivo diferente. Para cada objetivo de la lista decide qué tipo de silleta es la mejor.

   a. promocionar un producto nuevo

   b. demostrar talento artístico

   c. hacer algo bien grande

   d. enseñar algo importante a la comunidad

4. Las flores son un producto importante en Medellín porque es fácil cultivarlas allí. Teniendo en cuenta los productos más representativos de tu comunidad, ¿qué tipo de ferias se podrían hacer? ¿Qué eventos se incluirían en estas ferias?

Amigos sin fronteras

Contacta a tus amigos/as y pregúntales sobre las ferias en su país. En clase, comparte la información que recibas.

INVESTIGA

Fiestas hispanas

La cultura hispana es bien conocida por la abundancia y características peculiares de sus fiestas tradicionales. Investiga a fondo una fiesta popular hispana que te interese y anota información sobre su origen, cuándo y cómo se celebra, y sus características más interesantes, como su música, comida y baile.

EXPRESÉMONOS

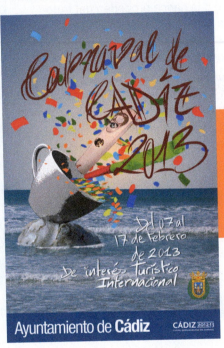

El Carnaval de Cádiz, en España, es una de las fiestas con más alegría y bullicio del país. La fiesta del carnaval existe en muchos otros países. ¿Qué características tiene una fiesta de carnaval? ¿Sabes el origen de los carnavales?

2–10 ¿Cuál es la fiesta más...? Usando la información que encontraste en **Investiga: Fiestas hispanas,** trabaja con otros estudiantes y describe en detalle tu fiesta. Decidan juntos cuál es la fiesta más...

1. histórica (representa la historia del país).

2. curiosa.

3. divertida.

Presenten sus conclusiones en clase.

2–11 La fiesta hispana en los Estados Unidos. Las fiestas folclóricas son un reflejo cultural. ¿Cómo sería una fiesta cultural hispana en los Estados Unidos?

Paso 1: ¿Cuáles son los gustos de los estadounidenses con relación a las fiestas típicas de su país? ¿Qué les gusta a los estadounidenses en una fiesta?

1. _____

2. _____

3. _____

4. _____

Paso 2: En grupos recuerden brevemente la información investigada sobre las fiestas hispanas en la actividad **Investiga: Fiestas hispanas.** Escojan la que les parezca más interesante y hagan los cambios necesarios para poder celebrarla en los Estados Unidos teniendo en cuenta las preferencias que indicaron en el **Paso 1.**

Paso 3: En clase describan en detalle la celebración de esta fiesta hispana en los Estados Unidos. En su descripción deben explicar el por qué de los cambios que hicieron a la fiesta original según las preferencias que indicaron en el **Paso 1.** Entre todos escojan la fiesta hispana que posiblemente tendría éxito en los Estados Unidos.

Un reto

Los Estados Unidos es un país rico en culturas y, por esa razón, existen diferencias culturales de región a región. En clase escojan cuatro estados de este país que representen diferencias culturales. En grupos, debatan sobre las preferencias de los estadounidenses de estos estados y decidan a qué grupo regional le gustaría más la fiesta que escogieron en el **Paso 3.** Recuerden que deben ofrecer razones convincentes sobre las preferencias de esas personas.

2–12 **¿Qué fiesta prefieres?** Cada persona tiene gustos diferentes sobre fiestas y tradiciones.

Paso 1: Individualmente, contesta estas preguntas.

1. ¿En qué estación del año prefieres una fiesta?

   _____

   _____

2. ¿Qué tipo de fiesta o tradición te gusta más? (p. ej.: histórica, cultural, religiosa, tranquila, musical, exótica, etc.)

   _____

   _____

3. Para ti, ¿qué aspectos (p. ej.: comida, familia, etc.) son necesarios en una fiesta o tradición?

   _____

   _____

Paso 2: En clase entrevista a varios compañeros/as usando las preguntas de los pasos anteriores y busca a dos compañeros/as que tengan gustos similares a los tuyos.

Paso 3: Con los/as compañeros/as del **Paso 2,** describan en detalle una fiesta folclórica o tradición ficticia ideal. Para ello recuerden usar las expresiones para expresar agrado y desagrado.

Modelo: **E1:** *A mí me fastidian las fiestas con mucha gente, prefiero una fiesta familiar.*
E2: *Entonces, podemos pensar en una tradición familiar. Me encanta dar regalos. ¿Qué te parece una tradición de intercambiar regalos?*
E3: *¡Me encanta! Pero los regalos deben ser cosas hechas por uno mismo.*
E4: *No, eso es difícil. Me fastidia tener que hacer cosas manuales.*

Paso 4: En clase presenten esta fiesta ideal ficticia explicando sus preferencias similares.

Modelo: *En nuestra tradición ideal… porque a nosotros nos fascina…*

LAS COSAS DEL DECIR

En ciertos países de Hispanoamérica se usa el pronombre **vos** en lugar de **tú**. A este fenómeno se le conoce como **el voseo**. El **voseo** americano implica acercamiento y familiaridad, pero existe bastante variedad en su uso dependiendo del país. En Bolivia y Ecuador se alterna el tuteo como forma culta y el voseo como forma popular o rural; en Chile y en algunas regiones de Venezuela y México, el tuteo implica cierta formalidad mientras que el voseo denota familiaridad; finalmente, el voseo se usa de forma generalizada en Argentina, Uruguay y Paraguay.

El voseo afecta a las formas pronominales y a las formas verbales. El adjetivo posesivo de **vos** es **tu/tus**, el objeto directo es **te** y la forma preposicional es **vos**:

Te llamo para deci**rte** que finalmente voy a la fiesta con **vos** y con **tu** amiga.

La conjugación verbal del **vos** se forma en el presente simple eliminando la **i** no acentuada de la forma del **vosotros** peninsular, excepto con los verbos de la tercera conjugación. La combinación del pronombre **vos** y su conjugación verbal es principalmente característica de Argentina, Paraguay y Uruguay:

vosotros habláis – **vos hablás**
vosotros cantáis – **vos cantás**
vosotros sois – **vos sos**

pero:

vosotros vivís – **vos vivís**
vosotros decís – **vos decís**

 ¡A dialogar!
En grupos, escojan un grupo de verbos en español y practiquen su conjugación verbal en la forma del **vos**. Después, intenten explicar un pequeño cuento, historia o chiste usando el **vos**.

PROFUNDICEMOS

PREPARÉMONOS

2-13 **Bailes típicos.** Los bailes populares reflejan aspectos únicos de la cultura; por eso, en muchas fiestas populares hispanas es típico encontrar un baile representativo. En la cultura estadounidense existe también una gran variedad de bailes y, aunque no aparecen relacionados con fiestas específicas, también reflejan ciertas características culturales.

Paso 1: En parejas hagan una lista de bailes típicos estadounidenses.

1. _____
2. _____
3. _____
4. _____

Paso 2: Compartan la lista con la clase y añadan la nueva información.

Paso 3: En grupos, escojan uno de los bailes del **Paso 1** y contesten las siguientes preguntas.

1. ¿Cuántas personas participan en el baile?
2. ¿Cómo es la música que acompaña el baile? ¿Qué instrumentos son los más representativos?
3. ¿Se usa alguna ropa especial para bailar?
4. ¿Cuál es el origen o la historia del baile?
5. ¿Qué características generales tiene el baile? ¿Qué adjetivos se pueden usar para describir este baile?

Paso 4: En grupos, expresen sus preferencias personales por los diferentes bailes estadounidenses. Entre todos, voten por el baile más representativo de la cultura estadounidense y expliquen por qué lo escogieron. Compartan la información en clase.

¿Están todos de acuerdo? ¿Existe un baile típico estadounidense?

INFÓRMATE

Existen bailes hispanos que solamente se bailan durante una fiesta específica. El chotis es un baile típico de Madrid, España, que generalmente se baila durante las fiestas de San Isidro, el patrón de Madrid.

2-14 **Antes de leer.** En parejas, contesten las siguientes preguntas.

1. ¿Qué características tienen los bailes que se bailan en parejas de hombre y mujer?
2. Uno/a explica en detalle cómo se baila un baile conocido mientras el compañero/a decide qué baile es. ¡¡No pueden usar gestos!! ¿Por qué es difícil explicar cómo se baila un baile?

El tradicional y castizo baile madrileño procede de Escocia

El tradicional y castizo baile madrileño procede de Escocia. El "chotis" llegó a Madrid en 1850 y se bailó por primera vez, en el Palacio Real, la noche del 3 de noviembre de aquel año, bajo el nombre de polca alemana. A partir de ese momento, alcanzó gran popularidad y llegó a ser el baile más **castizo** del pueblo de Madrid, hasta convertirse en un símbolo del Madrid festivo.

La forma de bailar un chotis no es complicada. Las parejas que lo ejecutan, **ataviadas** con los trajes típicos de **chulapos** madrileños, lo bailan así:

El hombre sujeta con una mano a la mujer y con la otra mano, metida en el bolsillo del **chaleco** y con lo dos pies juntos, gira en redondo sobre las punteras de sus zapatos, mientras la mujer baila a su alrededor. Cuando la música lo indica, la pareja da tres pasos hacias atrás y tres hacia adelante y se reinician los giros.

En un chotis bien bailado, el hombre gira solamente en el espacio de superficie de un ladrillo o **baldosa** y mirando siempre al frente.

Se puede aprender a bailar el chotis en las Vistillas, junto al Palacio Real y en la Pradera de San Isidro, durante las fiestas del santo patrón de Madrid

En Madrid al principio se le llamó polca alemana, lo que da un dato mas de que en realidad el chotis es una polca lenta. El paso de denominación de *schottisch* a chotis, es facil de entender. A ver quién es capaz de pronunciarlo primero.

¿QUÉ QUIERE DECIR...?

- **ataviadas** (*adjetivo, f., pl.; participio del verbo* **ataviar**): adornado, elegante, arreglado, vestido. Ejemplo: Los familiares de los novios en una boda van **ataviados** con sus mejores ropas.

- **baldosa** (*sustantivo, f.*): pieza de mármol, cerámica o piedra que se usa en el suelo o las paredes. Ejemplo: Finalmente cambio el suelo de la cocina y pongo **baldosas.** Este suelo es mucho más limpio y duradero.

- **castizo** (*adjetivo, m.*): que tiene un origen noble, puro y/o auténtico. Ejemplo: No me gustan las cosas modernas, prefiero lo **castizo** y de toda la vida.

- **chaleco** (*sustantivo, m.*): prenda de vestir sin mangas que se pone encima de una camisa. Ejemplo: Los hombres a veces usan un **chaleco** debajo de la chaqueta del traje. Es muy elegante.

- **chulapos** (*sustantivo m.,pl.*): persona que vive en un barrio histórico de Madrid. Ejemplo: Me enancata visitar el barrio de Lavapies en Madrid porque durante las fiestas se pueden ver muchos **chulapos** por las calles.

Añade otras palabras nuevas que has aprendido del texto.

_____

_____

_____

2–15 Trabajemos con el texto.

1. ¿Cuál es el origen del chotis? Teniendo en cuenta dónde se bailó por primera vez, ¿era el chotis un baile de clase media, alta o baja?

2. ¿Cuál es la función del hombre en este baile? ¿Cuál es la función de la mujer?

3. La forma de vestir durante un baile típico es un reflejo del baile y sus orígenes. Explica por qué.

4. ¿Piensas que todo el mundo puede aprender a bailar bien un baile típico? ¿O solo las personas nativas pueden bailarlo correctamente? ¿Sabes bailar algún baile hispano? ¿Qué es lo que te gusta más de ese baile?

Amigos sin fronteras

Contacta a tus amigos/as y pregúntales sobre algún baile típico de su país y los bailes que bailan hoy en día los jóvenes. En clase, comparte la información que recibas.

En España tomar chocolate con churros es muy típico en las tardes frías. También es muy popular tomar chocolate con churros en la madrugada, después de asistir a un baile o fiesta popular. ¿Qué comidas típicas hay durante ciertas festividades estadounidenses?

INVESTIGA

Bailes hispanos

Investiga dos bailes hispanos y anota información sobre su historia u origen y sus características específicas.

EXPRESÉMONOS

2–16 **Presentaciones culturales.** Una presentación requiere no solamente claridad de expresión sino también atención al público.

Paso 1: Escribe en la pizarra el nombre de los bailes que investigaste en **Investiga: Bailes hispanos** y después brevemente presenta el baile a la clase. Menciona una característica curiosa del baile:

Modelo: *El baile….. es de (país de origen). Se baila en pareja/en grupo/de forma individual. El baile describe una historia de amor/El baile es muy sensual/ La ropa típica para el baile es muy vistosa.*

 Paso 2: Escoge tres bailes que te parecen interesantes y entrevista a sus representantes para saber más detalles. Recuerda que debes hacer preguntas para conocer bien todo lo posible sobre el baile.

 Paso 3: En grupos, conversa con tus compañeros/as y expresa tu agrado o desagrado por los bailes que mencionaron tus compañeros/as en **Paso 2.** Recuerda que debes explicar el porqué de tu agrado o desagrado.

Paso 4: En el grupo escojan el baile que les parece el más interesante de todos.

Paso 5: Los representantes de los bailes elegidos deben hacer una presentación de 5 minutos sobre el baile investigado. Al final de la presentación, habrá 2 minutos para preguntas. Los compañeros/as deben evaluar la presentación según el criterio ofrecido por la maestra. Las evaluaciones serán anónimas.

Pueden repetir **Paso 4 y 5** con otros bailes.

 ## Un reto

Expresar agrado o desagrado por algo que no se conoce bien no es fácil pero ocurre con frecuencia en conversaciones diarias. Hagan una lista de comidas, bebidas o eventos culturales conocidos, poco conocidos o desconocidos. En grupos, traten de convencer a sus compañeros/as de que todas las cosas de su lista son de su agrado. Recuerden que deben usar expresiones del capítulo y dar razones convincentes. Los/as compañeros/as deben adivinar qué cosas conoces bien y cuáles no.

Modelo: **E1:** *Me vuelve loco la comida tailandesa. Me encanta el sabor, las especias, el pescado y el pollo. Adoro los postres tailandeses porque me encanta el helado,…*

E2: *Creo que no conoces la comida tailandesa. / Sí, conoces muy bien la comida tailandesa.*

2–17 **El baile en el siglo XXI.** Bailar es típico en muchas fiestas pero no todos los bailes son apropiados para todas las fiestas. En grupos, debatan el papel del baile en nuestra sociedad. Antes del debate, anota tus propias ideas.

1. Piensa en los bailes folclóricos investigados en **Investiga: Bailes hispanos.** ¿En qué tipos de fiestas en los Estados Unidos podrían aparecer estos bailes? ¿Por qué?

2. ¿Deberían permitirse todo tipo de bailes en una fiesta de *Prom*? ¿Por qué?

3. ¿Es el baile un deporte? ¿Deberían ser incluidos en los Juegos Olímpicos? ¿Por qué?

2-18 **Celebrando el mes hispano.** Entre todos van a preparar la agenda cultural para celebrar el mes hispano en la universidad.

Paso 1: La clase se divide en diferentes comités (p. ej.: comité de baile, de fiestas, de comida, de tradiciones, de artesanía, etc.).

Comité de _____

Paso 2: La agenda cultural debe atraer a diferente público con diferentes gustos. ¿Qué le/les gusta a...

1. los estudiantes universitarios no especializados en español?
2. los estudiantes universitarios especializados en español?
3. los estudiantes de secundaria?
4. los niños?
5. la gente mayor de la comunidad?
6. los hispanos de la comunidad?

Paso 3: Cada comité prepara una agenda cultural detallada en relación con su área de especialización, usando la información aprendida en el capítulo y prestando atención al público del **Paso 2.**

Paso 4: En clase cada comité presenta su agenda cultural explicando cómo cada actividad responde a los gustos del público del **Paso 2.**

Paso 5: Entre todos, escojan las actividades más representativas para celebrar el mes hispano.

PUNTO Y FINAL

En grupos, imagínense que son un comité que debe otorgar los siguientes premios. Usando sus preferencias personales debatan a quién o qué se debe premiar. Recuerden que deben usar las expresiones de agrado y desagrado del capítulo y dar las razones por sus preferencias.

- Premio al mejor evento cultural del año.
- Premio al mejor representante de la cultura estadounidense en el mundo del espectáculo.
- Premio al mejor representante de la cultura estadounidense fuera del mundo del espectáculo.

Vocabulario

Fiestas y tradiciones

Los acontecimientos

el baile	dances
la cabalgata	procession, parade
el carnaval	carnival
la carroza	float
la comparsa	masquerade (in carnival)
el concurso	contest
el desfile	parade
el espectáculo	show
la feria	fair
los fuegos artificiales	fireworks
la procesión	procession
la verbena	festival held on eve of saint's day

Algunas costumbres

el/los adorno/s	ornament(s)
el los antifaz/antifaces	mask(s)
el/los disfraz/disfraces disfrazarse	costume(s) to disguise oneself
el/los petardo/s	firecracker(s)
el/los traje/s regional/es	traditional dress(es)
el/los rito/s	rite(s)

Sus características

la alegría alegre	happiness happy
el bullicio bullicioso	uproar busy, noisy
la fantasía fantasioso	fantasy imaginative
el jolgorio	merrymaking
la vistosidad vistoso	colorfulness colorful

Otros términos relacionados

el atuendo	attire
conmemorar	commemorate
el día feriado/festivo	holiday
la festividad/el festejo	festivity
la fiesta patria	national holiday (Mexico)
el patrón	patron saint
la raíz	root, origin
el recorrido	course, route
la vestimenta	clothes

CAPÍTULO 3

Hispanos famosos en los Estados Unidos

La narración personal y concreta en el pasado

Ellen Ochoa, astronauta

Objetivos de comunicación

La función más básica del habla es la de contar algo a alguien. En culturas donde la lengua es simplemente oral, esta función es esencial para la continuidad de sus costumbres. El objetivo de este capítulo es combinar la simple narración con la descripción. Aprenderemos sobre la vida y la personalidad de hispanos famosos en los Estados Unidos.

Lecturas

Huellas hispanas en la historia de los Estados Unidos

Tristeza en EEUU por la muerte de Jaime Escalante

Investiga

Hispanos famosos en el mundo del espectáculo

Hispanos famosos en la comunidad

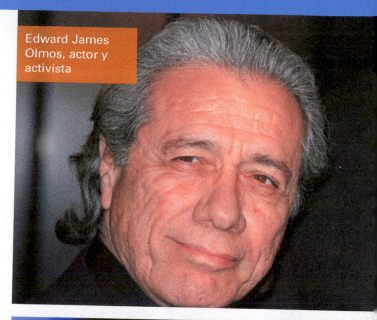

Edward James Olmos, actor y activista

Albert Pujols, deportista

¿Qué sabes de estos personajes famosos?

¿Cuántos hispanos famosos en los Estados Unidos conoces?

¿Qué obstáculos tienen los hispanos para lograr la fama?

¿Cuál ha sido la aportación de los hispanos en los Estados Unidos?

CONVERSEMOS

PUNTO DE PARTIDA

En parejas cada persona narra en detalle durante dos minutos las actividades que hizo durante el fin de semana. Al final de la narración el/la compañero/a que escucha debe hacer dos preguntas para conocer más detalles.

Cómo hacer una narración

Narrar es relatar sucesos reales o imaginarios que han ocurrido durante un tiempo determinado. En la narración es importante el orden cronológico para mantener la lógica y la cohesión en el relato. A diferencia de la descripción, que es como una fotografía o un cuadro, la narración es como ir contando lo que se va viendo desde un vehículo en movimiento de forma sucesiva. La narración es una descripción en movimiento.

La narración y la descripción ocurren a menudo dentro del mismo acto comunicativo. Por ejemplo, al narrar una acción o sucesión de actos, probablemente será necesario incorporar la descripción.

En el siguiente ejemplo la información descriptiva aparece en negrilla:

> Los hermanos Peter, Susan, Edmund y Lucy Pevensie salieron de Londres durante la Segunda Guerra Mundial para evitar los bombardeos de los alemanes y terminaron alojados en la casa del profesor Digory Kirke. **Era una casa grande y lujosa con objetos de arte valiosos y unos grandes jardines en los alrededores.** Peter y sus hermanos eran libres de hacer lo que querían pero no debían molestar al profesor Digory Kirke, **un señor bastante mayor que se dedicaba principalmente a la lectura.** Un día Peter y sus hermanos jugaron al escondite y Lucy, la pequeña del grupo, se escondió en un armario. Allí Lucy descubrió que en realidad el armario era una puerta al reino de Narnia, **un lugar donde los animales hablaban y existían la magia y personajes mitológicos como faunos y centauros.** En Narnia, Lucy conoció al señor Tumnus, quien la invitó a su casa a tomar té...

¿Sabes el nombre de la historia que se narra?

Uso de transiciones

Transiciones para indicar sucesión

a continuación	entonces
al cabo de	finalmente
al final	luego
al principio	más adelante
al (día, mes, año) siguiente	más tarde
cuando	posteriormente
después	primero

Expresiones de inicio

Empieza...	Es sobre...
Es la historia de...	Trata de...

¡Vamos a practicar!

 3-1 ¿Qué película es? En parejas, cada persona describe una película a su compañero/a quien debe adivinar su título. ¡Ojo! No pueden usar nombres de actores, personajes o lugares. ¡Pueden narrar en el presente!

Modelo: *Esta película trata de una mujer que está a punto de casarse con un hombre al que no quiere mucho. Desesperada, llama a un programa de radio donde cuenta su deseo por conocer al hombre ideal. En otra ciudad, un niño de 9 años aproximadamente, cuyo padre está muy solo, llama al programa de radio y...*

 3-2 Instrucciones. En parejas preparen una lista de instrucciones para una actividad que hacen regularmente. Presten atención al uso de transiciones para indicar sucesión. Presenten su lista en clase sin mencionar qué actividad es. Los/as compañeros/as deben adivinar la actividad que se describe.

Modelo: *Primero, separa los objetos por colores. Después, introduce los objetos de color blanco en la máquina y, añade detergente líquido o en polvo. Cuando todos los objetos estén en la máquina, selecciona el programa adecuado y pulsa el botón de inicio. Después, cuando el programa haya terminado, abre la puerta, saca todos los objetos y ponlos en otra máquina para secar. Finalmente, saca todos los objetos, dóblalos o cuélgalos en el armario.*

Uso de tiempos verbales

En una narración en el pasado, los dos tiempos verbales que se usan con más frecuencia son el pretérito y el imperfecto. Recuerda los usos de estos tiempos en la narración:

a. El **pretérito** se usa para contar acciones o procesos completos. Las referencias temporales concretas (una fecha, un período de tiempo, etc.) ayudan a delimitar acciones en el pasado.

> *__Nací__ en 1975. __Viví__ mis primeros 12 años en Texas y después __nos mudamos__ a Connecticut. __Asistí__ a la universidad de Virginia donde __me especialicé__ en criminología. Después de terminar mi carrera, __encontré__ un trabajo con el FBI. Al cabo de dos años, __decidí__ viajar y __dejé__ mi trabajo. Finalmente, en 2008 __me mudé__ a Texas, me __compré__ mi primera casa y __abrí__ mi propia agencia de detectives privados.*

b. El **imperfecto** se usa para contar acciones del pasado en progreso, acciones habituales o cualidades estáticas como descripciones de objetos, personas u contextos.

> *Cuando __vivía__ en Connecticut, __asistía__ a la escuela secundaria que __estaba__ en mi barrio. Todas las mañanas __me levantaba__ tarde y nunca __tenía__ tiempo para desayunar. Como la escuela __estaba__ cerca, simplemente __iba__ caminando con amigos y a menudo __llegábamos__ tarde porque __hablábamos__ demasiado. Mi mejor amigo, John, __era__ una persona fantástica. Le __encantaba__ jugar al tenis igual que a mí y, además, __vivía__ en una casa enorme, con sirvientes. Recuerdo que a menudo yo __tenía__ envidia de su familia y su estilo de vida. Fueron unos años inolvidables.*

¡Ojo! Cuando mencionamos una acción que tuvo lugar antes de otra acción en el pasado, usamos el pasado perfecto (o pluscuamperfecto).

> *La boda de mis amigos fue preciosa. __Había asistido__ a muchas bodas antes, pero esa boda fue muy diferente y especial.*

¡Vamos a practicar!

3-3 Una autobiografía. En grupos narren su vida prestando atención a los diferentes tiempos en pasado.

Paso 1: Narra brevemente los acontecimientos más importantes de tu pasado hasta el día de hoy.

Modelo: *Nací en Dallas, Texas en 1984. Entré en la escuela primaria a los seis años. Cuando tenía diez años nos mudamos a Colorado. Allí asistí a la escuela secundaria. Me gradué en 2005 y después...*

Paso 2: Selecciona un momento de tu pasado y describe tus acciones habituales, un lugar memorable o un amigo especial. El resto del grupo puede hacer preguntas para conocer más detalles.

Modelo: *En los últimos dos años en la secundaria encontré un trabajo de verano como salvavidas. Trabajaba solamente los fines de semana pero me gustaba mucho. La piscina no era muy grande pero los sábados había mucha gente y a veces era difícil prestar atención. En este trabajo conocí a John. Era un año mayor que yo. Asistía a otra escuela pero teníamos intereses similares. A los dos nos gustaba...*

Después de escuchar a los/as compañeros/as, ¿son sus vidas bastante similares o diferentes?

Vocabulario del tema: La hispanidad

Conceptos generales

el anglosajón/la anglosajona	*Anglo-Saxon*
la ascendencia	*ancestry*
el barrio	*neighborhood*
bilingüe	*bilingual*
chicano/a	*chicano, Mexican-American*
la ciudadanía	*citizenship*
el/la ciudadano/a	*citizen*
la deportación	*deportation*
la desigualdad	*inequality*
la discriminación	*discrimination*
el exilio	*exile*
la frontera	*border, frontier*
la identidad	*identity*
la inmigración	*immigration*
el/la inmigrante	*immigrant*
la mayoría	*majority*

la minoría	*minority*
el orgullo	*pride*
la patria	*native land*
el/la refugiado/a	*refugee*
la residencia permanente	*permanent residence*
la tarjeta de residente	*green card*

La vida del imigrante

acoger	*to accept, take in*
acostumbrarse	*to get used to*
adaptarse	*to adapt oneself*
aportar	*to bring; to contribute*
asimilarse	*to become assimilated*
establecerse	*to get established*
ganarse la vida	*to make a living*
huir	*to flee*
inmigrar	*to immigrate*
mantener	*to support (financially)*

¡Vamos a practicar!

 3-4 **En busca de la palabra desconocida.** En parejas escriban una oración o un párrafo de dos o tres oraciones donde se puedan usar las palabras que les da su profesor/a pero no incluyan la palabra que se describe. En grupos compartan las frases y adivinen las palabras.

Modelo: Palabra secreta: patria

Oración: *Ahora vivo en Chicago pero mi patria natal es San Salvador.*

 3-5 **Entrevista a un hispano.** Imaginen que tienen que entrevistar a un/a inmigrante hispano/a para escribir un relato sobre la vida de un hispano en los Estados Unidos. En parejas, preparen una lista de 8 a 10 preguntas que podrían hacerle a este/a hispano/a usando el vocabulario de la siguiente lista. Compartan sus preguntas en clase.

Inmigrantes hispanos

¡Vamos a practicar!

 3–6 El ahorcado. En parejas jueguen a "El ahorcado" con el vocabulario de los inmigrantes hispanos y sin que la persona que adivina pueda ver la lista del vocabulario.

A Z **Buscapalabras.** El diccionario no ofrece simplemente el significado de palabras sino también información gramatical que ayuda a entender cómo las palabras funcionan dentro de una oración. Los diccionarios usan nomenclaturas (p. ej.: m. = masculino, f. = femenino, adj. = adjetivo, adv.= adverbio) para indicar esa información gramatical.

Observa la diferencia entre verbos transitivos y verbos intransitivos. Un verbo transitivo puede llevar un complemento de objeto directo. Un verbo intransitivo no lleva complementos directos.

Verbo transitivo: *Mi vecino mexicano me preparó unos tacos buenísimos.*

Verbo intransitivo: *Mi vecino mexicano llegó a los Estados Unidos hace cinco años.*

Busca la traducción en español o inglés de las siguientes palabras, anota la información gramatical que se ofrece y escribe oraciones diferentes en español para mostrar la función gramatical de la palabra.

Modelo: población: *population*; sustantivo, femenino.

La población hispana en los Estados Unidos aumenta cada año.

Palabras	Traducción	Información gramatical	Oración en español
mudanza	_____	_____	_____
natal	_____	_____	_____
próximamente	_____	_____	_____
luchar	_____	_____	_____
to settle	_____	_____	_____
to earn	_____	_____	_____
heritage	_____	_____	_____
literate	_____	_____	_____

EXPLOREMOS

PREPARÉMONOS

 3–7 ¿Quiénes son? Cuando hablamos de la inmigración hispana en los Estados Unidos, generalmente nos referimos a tres grupos específicos de hispanos. ¿Qué sabes de ellos? En parejas, contesten las siguientes preguntas.

Paso 1: ¿Cuáles son los tres grupos hispanos más mencionados en los Estados Unidos y dónde residen mayormente?

1. _____
2. _____
3. _____

Paso 2: ¿Qué saben de la emigración de estos grupos? ¿Cuándo y cómo llegan a los Estados Unidos?

1. _____
   _____
2. _____
   _____
3. _____
   _____

Paso 3: Obviamente cada día llegan más y más hispanos a los Estados Unidos. ¿Conocen a hispanos en los Estados Unidos que no sean de uno de los tres grupos mencionados? ¿Qué otros grupos hispanos residen hoy en los Estados Unidos?

El barrio Adams Morgan en Washington DC tiene una gran presencia hispana. En 1977 inmigrantes chilenos pintaron este mural titulado *Un pueblo sin murales*. Estos murales con frecuencia reflejan aspectos importantes de la cultura hispana. ¿Puedes reconocer algunas de estas imágenes y su significado para la comunidad hispana?

 Amigos sin fronteras

Contacta a tus amigos y pregúntales sobre la emigración en su país. ¿Qué grupos de inmigrantes hay en su país? ¿Cómo llegan al país? ¿Qué hacen allí? En clase, comparte la información que recibas.

INFÓRMATE

La historia de los Estados Unidos está ligada a la historia y cultura hispana. Esta conexión explica en parte la inmigración hispana a los Estados Unidos.

 3–8 Antes de leer. En parejas, contesten las siguientes preguntas.

1. ¿Qué evidencia existe en la geografía de los Estados Unidos de una presencia hispana histórica?
2. ¿Qué personajes famosos hispanos conocen en el cine, la música, el deporte, las ciencias y la política? ¿Pueden mencionar un hispano para cada categoría?

Huellas hispanas en la historia de los Estados Unidos

1542. El español Juan Rodríguez Cabrillo explora la zona que hoy se conoce como la bahía de San Diego.

1565. El explorador español Pedro Menéndez de Avilés funda la ciudad de San Agustín en el estado de Florida. San Agustín es la ciudad más antigua fundada por europeos en los Estados Unidos. Juan Ponce de León estuvo en los alrededores de lo que hoy es San Agustín, en 1513. Bautizó la región con el nombre de Florida porque llegó en la Pascua Florida.

1822. California pasa a formar parte de México después de que México obtuviera la independencia de España en 1821.

1846–1848. Guerra entre los Estados Unidos y México. Los Estados Unidos invaden el territorio mexicano y, mediante el Tratado de Guadalupe Hidalgo, adquiere los territorios mexicanos de California, Nevada y Utah, Arizona, Nuevo México, Colorado y Wyoming.

Finales del siglo XIX. Cuba y Puerto Rico se independizan de España en 1898. Estas dos naciones quedan bajo el control de los Estados Unidos.

1912. Arizona y Nuevo México pasan a ser estados de la Unión Americana. La constitución de Nuevo México da el derecho al voto a los méxico-americanos, y también el derecho de puestos administrativos en oficinas públicas, ser jurados en la corte de justicia y usar el español en documentos públicos.

1916. Ezequiel Cabeza de Baca se convierte en en el primer gobernador hispano de un estado norteamericano, Nuevo México.

1917. Los Estados Unidos conceden la ciudadanía estadounidense a todos los puertorriqueños. Puerto Rico se convierte en un protectorado de los Estados Unidos.

1932. Benjamín N. Cardozo es el primer hispano nombrado juez de la Corte Suprema de los Estados Unidos.

1935. Dennis Chávez es elegido para el Senado de los Estados Unidos. Representó a Nuevo México.

1941–1945. Fechas de la Segunda Guerra Mundial. Se cree que 300 mil soldados de origen mexicano participaron en la guerra como parte del ejército de los Estados Unidos.

1950. El actor José Ferrer es el primer hispano que gana un Óscar en el cine de Hollywood, en la película *Cyrano de Bergerac*.

1952. En el programa de televisión *I Love Lucy*, aparece el primer latino en la televisión de los Estados Unidos, Desi Arnaz, nacido en Cuba.

1959. El Dr. Severo Ochoa, nacido en España, es el primer hispano de los Estados Unidos que gana el Premio Nobel de Medicina por sus investigaciones del RNA.

1961. Rita Moreno, puertorriqueña, es la primera actriz latina en recibir un Óscar por su actuación en la película *West Side Story*.

1968. El Dr. Luis Walter Alvarez, del Proyecto Manhattan, es el primer hispano nacido en los Estados Unidos en recibir un Premio Nobel en la categoría de Física, por sus descubrimientos de ciertas partículas atómicas.

1973. El beisbolista Roberto Clemente, de Puerto Rico, es el primer hispano en el Salón de la Fama.

1979. El Frente Sandinista de Liberación Nacional (FSLN) de Nicaragua derroca al general Anastasio Somoza. Por esta causa, decenas de miles de nicaragüenses emigran a los Estados Unidos.

1980. Miles de cubanos entran en la embajada peruana en La Habana con el objetivo de solicitar asilo político, **aprovechando** que el gobierno de Cuba había retirado sus custodios armados de la sede diplomática peruana. Se produce el llamado "éxodo de Mariel"; a causa de esto, viajan a los Estados Unidos, por mar, alrededor de 125 mil cubanos en cinco meses.

1981. Henry Cisneros, de origen mexicano, es elegido **alcalde** de San Antonio, Texas, con lo cual se convierte en el primer latino en gobernar una gran ciudad estadounidense.

1981. Roberto Goizueta, nacido en Cuba, es nombrado presidente y director ejecutivo de la compañía Coca-Cola.

1985. El actor Edward James Olmos, de origen mexicano, gana un Emmy por su trabajo en televisión en la serie *Miami Vice*.

1991. La Dra. Ellen Ochoa, de origen mexicano, se convierte en la primera mujer latina astronauta en volar al espacio.

1994. Estalla la migración por mar de cubanos llamados "balseros" que parten rumbo a los Estados Unidos en **balsas** de fabricación casera. Treinta mil son rescatados y enviados a bases navales. En 1995 se les permite vivir en los Estados Unidos. Se cree que uno de cada cinco "balseros" llega con vida a su destinación, la costa de Florida, EE. UU.

1994. Tratado de Libre Comercio (TLC/NAFTA) entre Canadá, los Estados Unidos y México.

2000. George W. Bush es elegido presidente. Varios hispanos entran a formar parte del gabinete y ocupan puestos importantes.

2001. Mueren 14 indocumentados mexicanos mientras intentaban cruzar la frontera hacia los Estados Unidos. México y los Estados Unidos conversan para encontrar una solución a esta tragedia.

2001. La Oficina del Censo del Departamento de Comercio de los Estados Unidos revela que la población hispana es de aproximadamente 35.3 millones de personas; 20.6 millones son de origen mexicano.

¿QUÉ QUIERE DECIR...?

- **alcalde** (*sustantivo, m.*): presidente del gobierno local. Ejemplo: El pueblo eligió como **alcalde** a Juana Ramírez, una ciudadana dedicada toda su vida a nuestra comunidad.

- **aprovechando** (*verbo* [**aprovechar**]): usar o disfrutar de algo indiscriminadamente. Como verbo reflexivo, **aprovecharse,** significa tener ventaja sobre alguien. Ejemplo: Mientras yo no miraba, mi hijo **se aprovechó** y tiró las espinacas a la basura.

- **huellas** (*sustantivo, f., pl.*): impresión profunda y duradera. Ejemplos: (1) *En su significado literal*: En el lugar del crimen, encontramos las **huellas** de los dedos de la mano del asesino. (2) *En su significado no literal*: Mi relación con Manolo me ha dejado una **huella** profunda en el corazón.

- **balsas** (*sustantivo, f., pl.*): conjunto de tablas de madera que forman una plataforma de poca estabilidad y duración parecido a un bote. Ejemplo: En el campamento de verano aprendimos a hacer **balsas** usando la madera que encontrábamos por el bosque. Después, probamos las balsas en el río.

Añade otras palabras nuevas que has aprendido del texto.

_____

_____

_____

1. ¿Cuál es la historia de los estados de California, Arizona y Nuevo México?

2. ¿Qué personas famosas hispanas puedes añadirse a las siguientes categorías y cómo llegaron a la fama?

Cine	Deportes	Política	Ciencias

3. ¿Qué tipo de peligro experimentan los inmigrantes hispanos al intentar llegar a los Estados Unidos? Ofrece ejemplos.

4. ¿Qué más te sorprende de la lista de sucesos que aparecen en el texto? ¿Por qué?

5. ¿Cuáles son las ventajas y las desventajas de la inmigración? ¿Cómo puede solucionarse el problema y el peligro de la inmigración ilegal a los Estados Unidos?

Un reto

En parejas, escojan un acontecimiento histórico que se mencione en el texto y presenten una narración más detallada usando su imaginación para un noticiero hispano en la radio. La narración debe incluir diferentes elementos descriptivos que ayuden al oyente a visualizar los eventos que se narran. Presten atención a los elementos de transición cronológicos.

INVESTIGA

Hispanos famosos en el mundo del espectáculo

En los Estados Unidos, existen muchos hispanos famosos en el mundo del espectáculo y los deportes. Investiga a fondo a un/a hispano/a que te interese y anota información en detalle sobre su lugar de origen, su pasado y su presente.

Los premios *Hispanic Heritage Awards* celebran el trabajo que los hispanos hacen en los Estados Unidos. ¿Por qué piensas que son necesarios este tipo de premios?

EXPRESÉMONOS

 3–10 **¿Qué tienen en común?** Adopta la personalidad de la persona hispana que investigaste en la actividad **Investiga: Hispanos famosos en el mundo del espectáculo,** y con diferentes personas en la clase describe tu personalidad y profesión, y narra tu vida pasada y presente. ¿Qué experiencias tiene en común tu personaje con el de otros hispanos famosos? Compartan esa información en clase. ¿Cuál es la experiencia de los hispanos en los Estados Unidos para llegar a la fama?

 3–11 **El Salón de la Fama Hispana.** En grupos deben seleccionar a dos hispanos famosos en los Estados Unidos para incluirlos en el Salón de la Fama.

Paso 1: Cada persona en el grupo entrevista a un/a estudiante en la clase para conocer en detalle la vida de un/a hispano/a famoso/a. Recuerda que debes narrar de forma cronológica los acontecimientos principales en la vida del hispano y hacer preguntas relevantes.

Paso 2: En tu grupo compartan la información recogida y seleccionen a dos hispanos para el Salón de la Fama.

Paso 3: Presenten su selección al resto de la clase y expliquen por qué estos dos candidatos son los mejores.

Paso 4: En clase, elijan a dos hispanos famosos para incluirlos en el Salón de la Fama Hispana.

 3–12 **El largo camino a la fama.** Llegar a la fama no es fácil. ¿Tienen los artistas hispanos las mismas dificultades que otros artistas? En grupos, debatan sobre el camino por el que tienen que pasar los artistas para llegar a la fama. En su debate contesten las siguientes preguntas.

1. ¿Cómo la infancia y la adolescencia de una persona obstaculizan o ayudan a llegar a la fama? Hablen sobre la infancia y la adolescencia de artistas conocidos hispanos y no hispanos.

2. ¿Se llega a la fama gracias al trabajo duro o a un golpe de suerte (p. ej., un concurso)? Mencionen cómo artistas conocidos hispanos y no hispanos llegaron a la fama.

3. ¿Es necesario "ganar un premio" para llegar a la fama? Piensen en artistas conocidos hispanos y no hispanos que hayan o no hayan ganado premios.

¿A qué conclusión llegaron? ¿Existen diferencias entre hispanos y no-hispanos en el camino a la fama? ¿Por qué?

LAS COSAS DEL DECIR

El español en los Estados Unidos está diariamente en contacto con el inglés y, por eso, cada vez se mezclan más estos dos idiomas. A esta mezcla se la conoce como *Spanglish*. En ciertas comunidades latinas en grandes ciudades es común oír palabras como las siguientes.

"aplicar" = llenar un formulario o solicitud

"aseguranza" = seguro

"bironga" = cerveza

"bloque" = cuadra

"chequear" = revisar

"fil" = campo

"ganga" = banda de delincuentes juveniles

"lonchear" = almorzar

"loquear" = cerrar con llave

"marketa" = mercado

"nerdo" = alguien que estudia mucho

"parkear" = estacionar el auto, aparcar

"ruffo" o "rufa" = techo

"taipear" = escribir a máquina o computadora

"taxas" = impuestos

"te llamo para atrás" = te devuelvo la llamada

"traila" = casa rodante

"troca" = camión; pick up

"vacunar la carpeta" = pasar la aspiradora por la alfombra

"washatería" = lavandería

"yarda" = patio

 ¡A dialogar!

Aquí tienen otras palabras en *Spanglish*. Para cada una de ellas ofrezcan la traducción en español estándar y su origen en inglés.

bildin	frikiar
billes	frisar
chainear	gasetería
deliberar	mopear
feca	viaje redondo

Amigos sin fronteras

Contacta a tus amigos y pregúntales qué palabras en inglés se usan en su país al hablar en español. En clase, comparte la información que recibas.

PROFUNDICEMOS

Soledad O'Brien es presentadora y reportera de televisión. Aquí aparece recibiendo un premio en la gala de honor de la Junta de Hispanos en el Congreso de 2009. ¿Cuál es el impacto de la presencia de personajes hispanos en programas televisivos? ¿Conoces otros personajes hispanos en el mundo de la televisión?

3–13 **Nuestro propio héroe.** Muchas personas sacrifican su vida por otros aunque pocos logran la fama.

Paso 1: En la experiencia de cada persona siempre hay una persona específica que ha causado un impacto especial en su vida y/o en la de otras personas a su alrededor. ¿Quién es ese héroe para ti?

 Paso 2: En parejas, narren y describan la vida y persona del **Paso 1.**

1. ¿Qué experiencias pasadas tuvo esta persona que la hace especial?
2. Narra alguna experiencia personal que has tenido con esta persona.
3. Si pudieras darle un premio especial a esta persona, ¿qué premio le darías y por qué?

INFÓRMATE

En su vida, un/a maestro/a no alcanza la fama aunque su servicio a la comunidad es evidente. La vida de Jaime Escalante es un ejemplo de una vida dedicada a ofrecer esperanza y orgullo a los jóvenes.

 3–14 **Antes de leer.** En parejas, contesten las siguientes preguntas.

1. ¿Qué dificultades tienen los/las maestros/as en las escuelas hoy? ¿Cómo pueden vencer estas dificultades?
2. ¿Qué características o aptitudes son necesarias para el éxito en la escuela y en la vida?

Tristeza en EEUU por la muerte de Jaime Escalante

Jaime Escalante nació en La Paz, Bolivia; el 31 de diciembre de 1930. Sus padres—ambos profesores—se divorciaron cuando Jaime tenía 9 años de edad. Estudió en la escuela preparatoria en el colegio Jesuita de San Calixto, en su natal Bolivia. Al graduarse sirvió para el ejército de su país, durante una corta rebelión.

Regresó a las **aulas** para matricularse en la Escuela Normal Superior y, antes de graduarse como profesor, ya impartía clases en tres de las escuelas preparatorias más reconocidas en Bolivia. Durante este tiempo se casó con su novia de la Universidad Fabiola Tapia.

Trabajó 14 años fueron los que estuvo trabajando docente en Bolivia, impartiendo clases de Física y Matemáticas. En la Navidad de 1963, con poco dinero y sin hablar el idioma inglés, llega a los Estados Unidos después de una breve estancia en Puerto Rico.

Comienza trabajando en un café frente a "Pasadena City College", aquí cursó clases de inglés y se graduó en Electrónica mientras seguía trabajando como cocinero en el café. Posteriormente trabajó como técnico en una compañía de Electrónica en Pasadena. Obtuvo una beca para asistir a la Universidad de California en Los Angeles. Adquirió su certificado como maestro en 1974 a los 43 años de edad.

Ingresó como docente de la preparatoria Garfield en el este de Los Ángeles, dando el curso más elemental de Matemáticas ofrecido en esta institución. Sus amplios conocimientos en Matemáticas y Física, así como su amplia experiencia como docente, lo llevaron pronto a **comprometerse** con la educación de sus alumnos. Utilizando métodos muy particulares de enseñanza, **logró inculcar** en sus alumnos la autoconfianza de lograr metas y tener objetivos claros.

En 1982, 18 estudiantes de Escalante en la Preparatoria Garfield lograron aprobar el examen de Colocación Avanzada en Cálculo. Esto causó gran revuelo ya que la Preparatoria Garfield nunca había tenido estos resultados. Después de una fuerte polémica de fraude en relación a estas calificaciones, finalmente Escalante y sus estudiantes resultaron victoriosos. Su gran pasión y sobre todo su metodología didáctica atraían a otros profesores, quienes incluso viajaban desde otros estados para verlo impartir clases en Garfield.

En 1988 su vida fue narrada en el libro "Jaime Escalante: The Best Teacher in America"; lo que resultó como base para la película "Stand & Deliver" protagonizada por Edward James Olmos.

En 1991, Escalante impartió clases en la Preparatoria Hiram Johnson en Sacramento por 7 años. Se retiró de la docencia en los Estados Unidos en 1998, para regresar a su país natal Bolivia, donde siguió impartiendo clases. Continuamente iba y venía a los Estados Unidos.

En el año 2003, firmó como consultor en educación de Arnold Schwarzenegger durante su campaña gubernamental.

Otros **logros** de Escalante fueron la obtención de la Medalla Presidencial de los Estados Unidos y el premio Andrés Bello, que otorga la Organización de Estados Americanos.

Jaime Escalante murió el martes 30 de marzo de 2010, a la edad de 79 años, víctima de cáncer en la vejiga.

¿QUÉ QUIERE DECIR...?

- **aulas** (*sustantivo, m., pl.*): Lugar en un centro educativo destinado a la enseñanza.
  Ejemplo: La clase de matemáticas tiene lugar en el **aula** 22 en el primer piso.

- **comprometerse** (*verbo reflexivo*): ser responsable de algo.
  Ejemplo: Como director **me comprometo** a mejorar las condiciones de trabajo de mis empleados.

- **impartía** (*verbo* [**impartir**]): comunicar, dar clases, enseñar.
  Ejemplo: Como maestro **imparto** clases de las 9 a las 5 de la tarde todos los días.

- **inculcar** (*verbo*): influir a alguien con una idea o conocimiento.
  Ejemplo: De pequeño mis padres me **inculcaron** la disciplina del trabajo.

- **logró** (*verbo* [**lograr**]: **logro**, *sustantivo, m.*): conseguir o alcanzar algo que uno desea.
  Ejemplo: Practiqué mucho y finalmente **logré** ganar el concurso de pintura.

Añade otras palabras nuevas que has aprendido del texto.

_____

_____

_____

3–15 **Trabajemos con el texto.**

1. ¿Qué edad tenía Jaime Escalante cuando obtuvo su título como maestro en los Estados Unidos? ¿Qué experiencias había tenido anteriormente?

2. ¿Qué problemas tuvo Escalante en la escuela de Garfield? ¿Crees que el hecho de que la mayoría de los alumnos de Escalante en Garfield era inmigrantes hispanos influyó en los problemas de la escuela?

3. ¿Qué puede ofrecer Jaime Escalante como hispano a sus estudiantes que otro maestro no puede? ¿Por qué los grupos minoritarios a veces son más exitosos cuando están en su propio contexto que cuando están en contextos étnicos mezclados?

4. Jaime Escalante una vez dijo *"el día que alguien abandona la escuela se está condenando a un futuro de pobreza."* Sin embargo, muchos de los héroes para los jóvenes son personas que no tienen títulos académicos. ¿Cómo podemos inculcar el deseo por la educación entre los jóvenes?

Hispanos famosos en la comunidad

Los hispanos también han alcanzado la fama en la comunidad por su servicio y determinación. Investiga a fondo a un/a hispano/a que tenga un papel relevante en la sociedad (p. ej.: un/a político/a, persona de negocios, activista, juez/a, etc.) y anota información en detalle sobre su lugar de origen, su pasado y su presente.

EXPRESÉMONOS

Dolores Huerta ha dedicado su vida a luchar por los derechos de los trabajadores hispanos y especialmente por las mujeres hispanas en los Estados Unidos. ¿Cuál es la influencia de los hispanos en la política de los Estados Unidos?

3–16 **La vida en movimiento.** En la vida somos lo que somos hoy por las experiencias que hemos tenido. Los hispanos que investigaron en **Investiga: Hispanos famosos en la comunidad** tienen un pasado con una sucesión concreta de acontecimientos.

Paso 1: En parejas, narren la vida de la persona que cada uno investigó prestando atención a sus experiencias. Completen la siguiente tabla.

Hispano famoso: _____

Sucesos de forma cronológica:

1. _____
2. _____
3. _____
4. _____
5. _____
6. _____

Hispano famoso: _____

Sucesos de forma cronológica:

1. _____
2. _____
3. _____
4. _____
5. _____
6. _____

Paso 2: Con las tablas anteriores preparen dos actividades donde para cada hispano/a famoso/a el/la estudiante A tiene cierta información sobre su vida que el/la estudiante B necesita y viceversa.

Paso 3: Las parejas de estudiantes se intercambian las actividades del **Paso 2** y las completan usando preguntas y respuestas para hallar toda la información sobre la vida de los famosos.

 3–17 **Una cena privada.** Tienen la oportunidad de hacer una cena privada con un número selecto de hispanos conocidos en los Estados Unidos, pero no saben a quiénes invitar.

Paso 1: En clase, hagan una lista de hispanos que han investigado en este capítulo.

Paso 2: Cada persona adopta la personalidad de una de estas personas famosas y debe hablar con cuatro personas diferentes y obtener información sobre su vida. (Durante esta parte de la actividad tú vas a ser una persona famosa también.) Es importante recordar que en estas mini conversaciones el propósito no es contestar preguntas específicas sino hablar sobre uno mismo.

Paso 3: Después de haber conocido a cuatro hispanos importantes, formen grupos de cuatro y compartan toda la información obtenida sobre los hispanos que han conocido y decidan a quién van a invitar a su cena privada.

Invitado	¿Por qué se le invita?
1. _____	_____
2. _____	_____
3. _____	_____
4. _____	_____
5. _____	_____
6. _____	_____
7. _____	_____
8. _____	_____

Paso 4: Para asegurar el éxito de una cena, uno debe planear dónde van a sentarse los invitados para que cada uno tenga personas interesantes con quienes charlar. Decidan qué puesto va a ocupar cada invitado y expliquen el porqué.

3–18 **Comparación y contraste.** En grupos de tres, comparen y contrasten las vidas de los hispanos famosos que investigaron en este capítulo. Cada persona ofrece una presentación comparativa para los dos hispanos investigados. Después, en el grupo debatan qué semejanzas y diferencias existen entre todos los hispanos mencionados. Sean concretos en sus opiniones y ofrezcan datos específicos que fundamenten esta comparación.

¿En qué se diferencian las vidas de los hispanos en el espectáculo de las vidas de los hispanos en el servicio a la comunidad?

PUNTO Y FINAL

Todo el mundo tiene una película favorita que conoce muy bien porque la ha visto varias veces. En grupos de tres, cada persona narra de forma detallada todo lo que ocurrió en la película usando la descripción y narración para ofrecer una idea clara al oyente de los acontecimientos, los personajes y lugares de la historia. El resto del grupo debe decidir por qué esta película es tan especial para esta persona y cómo llegaron a esta conclusión.

Encuentros diarios
La interacción del servicio al cliente

Uno de los encuentros cotidianos en el ambiente público es el del servicio al cliente. En estas conversaciones una persona solicita servicio de otra persona en una tienda, oficina, aeropuerto, etc. En todas estas situaciones generalmente nos encontramos con fórmulas de apertura, estrategias para solicitar el servicio deseado y fórmulas de cierre, como el agradecimiento.

Al **inicio,** existen expresiones formales como "Buenos días", "Buenos días, señora"; menos formales como "Buenas" o informales como "Hola". No es apropiado en estas conversaciones usar expresiones como "¿qué tal?" o "¿cómo está?" porque estas expresiones solo se usan en español con conocidos para empezar una conversación y no son expresiones de saludo como en el inglés estadounidense.

Existen diferentes estrategias para **pedir** el servicio que se necesita. Hay fórmulas directas como "Necesito ayuda con…", "Necesito…" o más indirectas como "¿Puede/Podría decirme/ayudarme/darme…?", "Me gustaría…", "Tendría la bondad de…". Expresiones como "¿Puedo tener…?" no son aceptables en este tipo de conversaciones ya que son traducciones literales del inglés (*Can I have a loaf of bread?*). A veces es necesario llamar la atención de la persona que trabaja en la tienda u oficina. En estos casos, también hay expresiones informales como "oye, perdona/por favor…" o más formales como "perdone que le moleste", "disculpe,…".

Las expresiones de **cierre** incluyen fórmulas formales de agradecimiento como "le agradezco la atención", "muchas gracias por su ayuda" o más informales como "gracias" y expresiones de despedida como "hasta otra", "hasta luego" o expresiones de buenos deseos como "que le vaya bien", "que lo pase bien", "que tenga un buen día".

Aunque todas estas estrategias son apropiadas en diferentes variedades del español, también existen diferencias regionales. Por ejemplo, en España es común pedir lo que uno quiere de forma directa, como "un café cuando puedas" o "¿Me pone un café?" y usar el *tú* en la conversación. En Uruguay también se prefieren expresiones informales como "Necesito un vestido de noche" y el uso del *tú* o *vos*. En cambio, en México y Ecuador estas conversaciones son más formales y es típico que la persona que atiende al cliente ofrezca su ayuda después de una expresión de saludo como "Buenos días, ¿en qué le puedo ayudar?/¿qué desea?". Observa las diferencias entre estas dos conversaciones en una oficina de correos.

España

A: Mira, venía a enviar este paquete a Inglaterra.
B: Vale, ¿qué hay en el paquete?
A: Libros.
B: Bien, pues necesitas otro sobre diferente. En aquel mostrador están los sobres.
A: ¿Y cuál es el sobre que necesito?
B: Este de aquí. ¿Quieres enviarlo por tierra o por aire?
A: ¿Cuál es el más barato?
B: Por tierra.
A: Vale. Pues, ¿qué te debo?
B: Son 25 euros.
A: Aquí tienes. Adiós
B: Adiós.

México

A: Buenas tardes.
B: Buenas tardes.
A: Tengo un paquete para los Estados Unidos. ¿Qué opciones tengo para hacer este envío?
B: ¿Por aire o por tierra?
A: Por aire, ¿cuánto me cuesta?
B: Es un poco más caro, como unos 28 pesos y por tierra son unos 20 pesos.
A: Por tierra.
B: Claro que sí. ¿Cómo le gustaría pagar?
A: En efectivo. Aquí tiene.
B: Muchas gracias.
A: Gracias.

Tu turno

1 Estudiante A:

Llegas a un hotel en Buenos Aires, Argentina, y tienes mucha hambre. Son las 11 de la noche. Llamas a la recepción del hotel para pedir comida o la dirección de un lugar cercano para ir a comer algo. No has comido en las últimas ocho horas así que necesitas comer algo antes de dormir. No tienes coche y el hotel está en las afueras de Buenos Aires.

Estudiante B:

Eres recepcionista en un hotel en Buenos Aires, Argentina. Son las 11 de la noche. Un/a cliente llama para pedir comida o la dirección de un lugar cercano para comer. La cocina del hotel está cerrada y los restaurantes en Buenos Aires cierran la cocina a las 11 de la noche. El hotel está en las afueras de Buenos Aires. Al final de la conversación ofrece una solución.

2 Estudiante A

Trabajas en un centro de información en unos grandes almacenes en Santiago, Chile. Un/a turista ha perdido su tarjeta de crédito. En la conversación pregúntale cómo la perdió, cuándo fue la última vez que la usó y si está seguro/a de que la perdió en los almacenes. Al final de la conversación, ofrece una solución.

Estudiante B:

Eres turista en Santiago, Chile, y estás de compras en unos grandes almacenes. Después de unos 20 minutos descubres que no tienes tu tarjeta de crédito y estás seguro/a de que la tenías cuando entraste en los almacenes. Vas al mostrador de información para pedir ayuda. Crees que te han robado. Necesitas encontrar la tarjeta de crédito porque es tu única fuente de dinero en Chile.

🔊 Vocabulario

La hispanidad

Conceptos generales

el anglosajón/la anglosajona	*Anglo-Saxon*
la ascendencia	*ancestry*
el barrio	*neighborhood*
bilingüe	*bilingual*
chicano/a	*chicano, Mexican-American*
la ciudadanía	*citizenship*
el/la ciudadano/a	*citizen*
la deportación	*deportation*
la desigualdad	*inequality*
la discriminación	*discrimination*
el exilio	*exile*
la frontera	*border, frontier*
la identidad	*identity*
la inmigración	*immigration*
el/la inmigrante	*immigrant*
la mayoría	*majority*
la minoría	*minority*
el orgullo	*pride*
la patria	*native land*
el refugiado/la refugiada	*refugee*
la residencia permanente	*permanent residence*
la tarjeta de residente	*green card*

Inmigrantes hispanos

argentino/a	*Argentinian*
boliviano/a	*Bolivian*
chileno/a	*Chilean*
colombiano/a	*Colombian*
costarricense	*Costa Rican*
cubano/a	*Cuban*
dominicano/a	*Dominican*
ecuatoriano/a	*Equatorian*
guatemalteco/a	*Guatemalan*
hondureño/a	*Honduran*
mexicano/a	*Mexican*
nicaragüense	*Nicaraguan*
panameño/a	*Panamanian*
paraguayo/a	*Paraguayan*
peruano/a	*Peruvian*
puertorriqueño/a	*Puerto Rican*
salvadoreño/a	*Salvadoran*
uruguayo/a	*Uruguayan*
venezolano	*Venezuelan*

La vida del imigrante

acoger	*to accept, take in*
acostumbrarse	*to get used to*
adaptarse	*to adapt oneself*
aportar	*to bring; to contribute*
asimilarse	*to become assimilated*
establecerse	*to get established*
ganarse la vida	*to make a living*
huir	*to flee*
inmigrar	*to immigrate*
mantener	*to support (financially)*

CAPÍTULO 4

Las raíces del mundo hispano

El relato en el pasado

Familia quechua en Perú

Objetivos de comunicación

El relato de un acontecimiento en el pasado no solo depende del uso apropiado de los tiempos verbales y expresiones, sino también de la estructura interna de los eventos principales en la historia. En este capítulo vamos a practicar estrategias para relatar historias pasadas usando conexiones temporales internas en oraciones compuestas. El tema de discusión será la historia de los diferentes pueblos hispanos en Latinoamérica y España a través de sus leyendas.

Lecturas

Las grutas del Illimani

Los amantes de Teruel, historia y leyenda

Investiga

Leyendas y mitos de Sudamérica

Leyendas y mitos de España y Centroamérica

La gran mayoría de los latinoamericanos son mestizos.

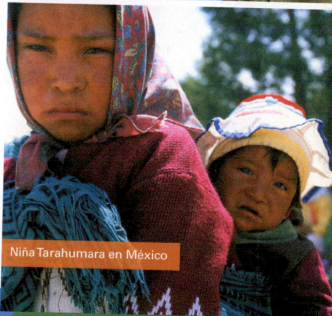

Niña Tarahumara en México

¿Por qué es importante saber de nuestros orígenes?

¿Nuestro origen determina nuestro futuro?

¿Qué sabes de tus orígenes étnicos?

¿Conoces el significado de: criollo, mestizo, mulato, indígena?

¿Qué pueblos indígenas conoces de Sudamérica?

CONVERSEMOS

El relato de un evento en el pasado

Una historia generalmente consta de tres partes:

a. *Presentación de hechos/contexto.* Es la parte inicial en que se describe dónde ocurrió la acción o qué acontecimientos o hechos precedieron a la acción que se va a contar. Esta fase inicial en la narración es importante para ofrecer un marco de referencia común a todos los oyentes.

b. *Complicación.* En esta fase se describen y narran los diferentes eventos que tuvieron lugar en el contexto señalado previamente. El uso de recursos como palabras de transición y descripciones ricas y subjetivas ofrecen el tono coherente y personal del relato.

c. *Conclusión o desenlace de la complicación.* Esta fase concluye el relato ofreciendo los hechos que revelan el punto culminante de la narración y/o las consecuencias de lo ocurrido anteriormente.

Aquí tienes un cuento infantil tradicional. En él puedes ver las tres partes de un relato.

La gallina de los huevos de oro

Anónimo

(*Presentación del contexto*) Érase un campesino tan pobre, tan pobre, que ni siquiera tenía una vaca. Era el más pobre de la aldea. (*Complicación*) Un día, trabajando en el campo bajo el cálido sol de día y con poca comida en el estómago, apareció un enanito que le dijo:

—Buen hombre, trabajas mucho y poco ganas. Toma esta gallina. Cuídala bien y todos los días pondrá un huevo de oro.

Cuando el enanito desapareció, el campesino llevó la gallina a su corral y la alimentó. Al día siguiente, ¡oh sorpresa!, encontró un huevo de oro. Lo puso en una cestita y se fue a la ciudad, donde vendió el huevo por una moneda de oro. Con esa moneda compró comida y una camisa nueva.

Al día siguiente, loco de alegría, encontró otro huevo de oro. Volvió a la ciudad donde vendió el huevo y con el dinero se compró unos zapatos nuevos. ¡Por fin había cambiado su fortuna! Todos los días tenía un nuevo huevo y todos los días vendía el huevo y con el dinero compraba y compraba más y más cosas.

De esta manera poco a poco, fue convirtiéndose en el hombre más rico de la zona. Sin embargo, no solo su fortuna creció sino también su avaricia y pensó: "¿Por qué esperar a que cada día la gallina ponga un huevo? Si la mato ahora, podré tener todos los huevos de oro que tenga dentro".

(Conclusión) Y así lo hizo, pero en el interior de la gallina no encontró ningún huevo. El tonto campesino, ciego por su avaricia, perdió la única fortuna que había tenido en su vida.

¡Vamos a practicar!

4–1 **Escucha y describe.** Escucha los cuentos que va a leer tu profesor/a y para cada uno describe brevemente las tres partes representadas.

Cuento 1:

a. Contexto:

b. Complicación:

c. Conclusión:

Cuento 2:

a. Contexto:

b. Complicación:

c. Conclusión:

  Comparte con un compañero tus respuestas. ¿Sabes el nombre de estos cuentos?

4–2 **Un cuento divertido.** En parejas, preparen una narración para la siguiente tira cómica. Sean creativos y añadan detalles de su imaginación en las tres partes del relato: contexto, complicación y conclusión. En clase presenten su narración y entre todos voten por la narración más original.

Expresiones temporales en el relato

Cómo iniciar una narración

a. En un cuento infantil o parábola:

Había una vez...
Érase una vez...

b. En una historia:

A principios de siglo...   En 1875...
El otoño de 1876...   Hace dos años...
El viernes de la semana pasada...   Una noche...
En (la década de) los sesenta...   Una tarde de primavera...

Cómo expresar tiempo dentro de la narración

¡OJO! Presta atención a los tiempos verbales.

a. Cómo expresar que una acción se realiza <u>antes de otra</u>:

El autobús llegó **antes de que** estuviéramos listos.
Antes de salir, nos llamaron por teléfono.
Antes de la entrevista, me preparé bien.
Caminé **hasta que** no pude más.
Dormí **hasta** la llegada a Salamanca.

b. Cómo expresar que una acción se realiza <u>al mismo tiempo que otra</u>:

Al entrar en el salón, todos los invitados se levantaron.
Llegué **al mismo tiempo que** mis padres.
Se abrazaron y besaron **a la vez/simultáneamente.**
Dormía **cuando** llamaron a la puerta.
En el momento que apareció el ladrón, nos escondimos detrás del escritorio.
Trabajaba **escuchando** música de fondo.
Mientras veía la película, trabajaba en el informe.
Mientras veía la película, trabajé en el informe (acción terminada).

c. Cómo expresar que una acción se realiza <u>después de otra</u>:

Apenas/Tan pronto lo anunciaron por la radio, llamé a mis padres para contárselo.
Cuando terminó de hablar, todos aplaudimos.
Entró en la sala **después de que** llegaron los invitados.
Desde que abrieron la tienda de helados, he engordado cinco libras.
Después de su salida, todos nos sentimos más relajados.
Después de salir, me encontré mejor.
Una vez que llegamos al aeropuerto todo se había solucionado.

¡Vamos a practicar!

4-3 Antes de clase. La vida de un alumno universitario es a veces predecible. La gran mayoría de los estudiantes de la universidad hacen las mismas actividades.

 Paso 1: Escribe las acciones que hiciste antes de venir a clase y después comparte la información con un compañero/a.

Modelo: E1: *Hoy hablé por teléfono con mis padres, ¿Y tú?*

E2: *Yo también / Yo no. Yo escribí una carta a una amiga.*

1. _____

2. _____

3. _____

4. _____

5. _____

Paso 2: Ordena la lista del **Paso 1** y comparte la información con un/a compañero/a. Usa diferentes expresiones temporales.

Modelo: E1: *Antes de hablar por teléfono con mis padres, desayuné. Después hice la tarea mientras escuchaba música. Cuando terminé la tarea, fui a mi primera clase. Tan pronto llegué a clase...*

E2: *Yo primero desayuné y fui a mi primera clase. Antes de la clase, me llamaron por teléfono. Mientras contestaba el teléfono,...*

Paso 3: ¿Hicieron actividades similares antes de clase? Compartan la información en clase.

Modelo: E1: *Mary y yo hablamos por teléfono antes de venir a clase. Mary desayunó antes de hablar por teléfono.*

E2: *Nosotras también hablamos por teléfono y desayunamos antes de venir a clase.*

¿Es predecible la vida de un estudiante universitario?

4–4 Una compenetración ideal. Una de las características de una relación romántica perfecta es la compenetración total de las dos personas en las actividades diarias, es decir, hacer cosas al mismo tiempo. En parejas, piensen en una pareja famosa (Romeo y Julieta, Antonio y Cleopatra, Bella Swan y Edward Cullen etc.) y describan las actividades que hicieron simultáneamente en un momento importante de su vida. Después compartan esa información en clase y decidan qué pareja tiene o ha tenido la relación más perfecta. Usen expresiones temporales apropiadas.

Modelo: *El momento que Bella vio a Edward, sabía que era amor verdadero.*

4–5 Érase una vez. Todos conocemos cuentos infantiles como *Caperucita roja*, *Los tres cerditos*, etc. En grupos vuelvan a contar uno de estos cuentos pero cambiando información para que sea apropiado dentro del ambiente tecnológico y avanzado en el que vivimos. La clase votará por el cuento mejor adaptado a la realidad tecnológica de hoy.

Modelo: *Érase una vez una niña que vivía en un bosque. Su mamá era agente secreta del FBI y su papá era astronauta. Vivían en una casa moderna con todos los electrodomésticos a control remoto. Un día hablando con su abuela por videoconferencia vio que ella estaba un poco enferma y decidió llevarle unas galletas de harina integral orgánica...*

Los trabajadores

el/la agricultor/a	*farmer*
el/la artesano/a	*craftsman/craftswoman*
la artesanía	*craftsmanship*
el/la cazador/a	*hunter*
la caza	*hunting*
el/la esclavo/a, cautivo/a	*slave*
la esclavitud	*slavery*
el/la pescador/a	*fisherman/fisherwoman*
la pesca	*fishing*

Los poderosos

el/la cacique	*chief*
el colonizador	*colonizer*
la colonización	*colonization*
el conquistador	*conqueror*
la conquista	*conquest*
el/la dueño/a	*owner*

Los conceptos de una conquista

la aniquilación	*annihilation, destruction*
aniquilar, exterminar, suprimir	*to annihilate, exterminate, suppress*
la civilización	*civilization*
civilizar	*to civilize*
la cristianización	*Christianization*
cristianizar	*to Christianize*
los datos	*facts*
la época	*time, age*

La vida entre los nativos

la ceremonia/celebración, el culto	*ceremony*
la creencia/convicción, el credo	*belief*
la destreza/habilidad/maña	*skill*
la riqueza/prosperidad/opulencia	*richness*
la sabiduría	*wisdom*
sabio, culto, docto	*wise*
la superstición	*superstition*
el tesoro	*treasure*

¡Vamos a practicar!

4–6 **Cuéntame un cuento** La clase se divide en tres grupos. Cada persona en el grupo recibe un trozo de papel con dos o tres palabras de la lista del vocabulario del tema. El/La profesor/a empieza a contar un cuento diciendo una frase. Cada persona en el grupo debe seguir el cuento usando una de las palabras que tiene.

Modelo: **Grupo A** (E1: pescador, tesoro; E2: conquista, época; E3: dueño, esclavo; etc.)

Profesor/a: *Una vez en una tierra muy lejana y desconocida para muchos…*

Grupo A:

E1: *…había un pueblo de **pescadores** que vivían tranquilamente del mar…*

E2: *…Era una **época** difícil porque…*

E3: *… los **dueños** de los grandes botes de pesca controlaban todo el comercio…*

 Buscapalabras. Es frecuente encontrar palabras con significados similares pero con terminaciones y funciones gramaticales diferentes. Por ello, al buscar una palabra en el diccionario es importante ver otras palabras derivadas para así poder enriquecer tu propio vocabulario. Por ejemplo, las palabras *artesanía*, *artesano*, *artesanal* están todas relacionadas pero cada una tiene una función gramatical diferente. Busca las siguientes palabras y anota todas las palabras derivadas que encuentres en el diccionario y su función gramatical. Para cada una de ellas escribe una oración.

- recordar
- invasión
- sacrificio
- relatar

Modelo: credo = *sustantivo, masculino*
Otras palabras derivadas:
creíble (adj.): Esta historia no es creíble.
creencia (sust.): Los indígenas tienen sus propias creencias.
creer (v.): Es difícil creer todas las historias que nos cuentan.

Los nativos americanos en Norte América y los indígenas latinoamericanos tienen mucho en común. ¿Qué características comparten los dos grupos?

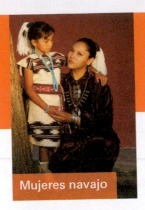

Mujeres navajo

Mujeres mapuche

PREPARÉMONOS

 4–7 ¿Cuánto sabes? Antes de la llegada de los españoles a las Américas, había varias civilizaciones importantes que vivían en el continente.

Paso 1: Con un/a compañero/a adivinen a qué países pertenecían las siguientes civilizaciones.

1. ____ Los mapuches   a. México
2. ____ Los chibchas   b. Guatemala
3. ____ Los guaraníes   c. Argentina
4. ____ Los mayas   d. Perú
5. ____ Los aztecas   e. Colombia
6. ____ Los incas   f. Chile

Paso 2: En parejas escojan una de las civilizaciones de las que sepan algo y hablen sobre sus orígenes e historia.
¿Quiénes eran?
¿Qué hicieron?
¿Qué sabemos de ellos?

Paso 3: En clase compartan la información del **Paso 2.**

Amigos sin fronteras

Si tienes un/a amigo/a de un país latinoamericano, pregúntale qué sabe de la civilización indígena representativa de su país. Comparte la información que recibas en clase.

INFÓRMATE

Una manera de aprender sobre la historia de un lugar es recurrir a las leyendas locales que describen hechos históricos. La leyenda de las grutas de Illimani aparece en la historia de Bolivia y cuenta las aventuras de un indígena en una cueva.

 4–8 Antes de leer. En parejas, contesten las siguientes preguntas.

1. ¿Qué tipo de experiencias puede uno encontrar al entrar en una cueva de una montaña?
2. En la edad prehistórica, ¿para qué servían las cuevas? ¿Qué tipo de información histórica se puede encontrar en una cueva?

Las grutas del Illimani

(Leyenda de Bolivia)

Cierto día, un indiecito llamado Yucaré, mientras caminaba por las **faldas** de la montaña, encontró sobre las piedras un pequeño y pobre cóndor, ensangrentado y sucio. Su primer impulso fue matarlo, pero enseguida sintió lastima; lo cogió y luego lo volvió al nido de donde había caído.

—¡Gracias, muchas gracias! Sabrán mis padres que me has salvado —dijo el polluelo casi imperceptible.

Al otro día, al pasar junto a un **precipicio**, Yucaré vio que volaban hacia él dos enormes cóndores. Atemorizado, cogió un **garrote** y se preparó a luchar, pero cuando el cóndor **se percató** de lo que el niño se proponía, le gritó desde lo alto:

—Nada temas amigo. Nada temas, no te haremos ningún daño, hemos venido sólo para agradecerte el haber salvado a nuestro hijito.

Cuando Yucaré vio que, en efecto, no corría peligro alguno, se deshizo del **garrote** e invitó a la pareja de cóndores a posarse en el suelo. A su derecha se ubicó el cóndor y la derecha su señora.

—Queremos agradecerte —dijo papá cóndor.

Y la hembra de inmediato preguntó.

— ¿Qué deseas? ¿Qué te gustaría hacer?

El indiecito reflexionó mucho antes de contestar. Y luego dijo:

—Llévame a la **cima** del Illimani. Nada más bello que volar, volar y contemplar la tierra desde lo alto.

—Muy bien —dijo la hembra. Y convinieron en encontrarse al día siguiente para realizar el deseo del joven indio.

En la mañana, como había acordado, Yucaré montó en el **lomo** de mamá cóndor. Ésta corrió entonces, algunos metros, abrió las alas y comenzó a elevarse poco a poco. Instantes después ya no podía verse la tierra: una espesa **neblina** cubría el cielo. Volaban y volaban cada vez mas alto, el frío **entumecía** los huesos, pero el ascenso continuaba. Y volaron y volaron hacia la **cima** del Illimani. Al llegar, Yucaré se despidió de sus buenos amigos y continuó por la **escarpada** superficie. Después de una agotadora faena, se encontró con una misteriosa gruta, donde penetró con curiosidad y dificultad. Al principio nada podía ver, pues la luz era escasa, pero le pareció ver en la **penumbra**, las siluetas de un hombre y una mujer sentados apoyados en la pared.

Teñían lo brazos cruzados. El oro de sus pulseras relucía en sus brazos, igual que las vajillas y la copas de plata que les rodeaban.

Yucaré estaba impresionado y continuó internándose en la misteriosa gruta. En un largo camino, encontró una bolsa con cuchillos y flechas, plumas y grandes trozos de **resina**, que puso en un plato de **greda** y la encendió. Ya con luz, el valeroso niño se internó, lleno de curiosidad, en lo más profundo de la montaña.

Bajó hasta llegar a una gran cámara donde había **husos** e hilados de gran colorido, alforjas, tejidos en telar, y muchísimos otros objetos de estilo incaico de gran valor. Maravillado continuó descendiendo, pero en las húmedas gradas perdió el equilibrio y cayó. El plato se hizo mil pedazos y ya no tuvo más luz.

Después de lanzar algunos gritos desesperados, el indiecito observó que la gruta no estaba completamente a oscuras. Desde un extremo se divisaba una ligera galería de túneles subterráneos que lo condujo a una nueva gruta, iluminada por el sol. Alborozado se dirigió a la salida, quedando cegado momentáneamente por la luminosidad.

En la madrugada del día siguiente el resuelto y valiente Yucaré estaba de vuelta en casa. A nadie le quiso contar de los tesoros que encontró en las grutas del Illimani, para no despertar la **codicia** y ambición entre sus hermanos. Y no lo hizo hasta muchísimos años más tarde.

Muchos son los hombres que se han **arrimado** hasta las grutas del Illimani, pero ninguno ha podido encontrar el inmenso tesoro oculto allí por los incas. No obstante la riqueza permanece en ese lugar desde hace siglos.

¿QUÉ QUIERE DECIR...?

- **arrimado** (*verbo* [**arrimar**]): acercar o poner algo o alguien junto a otra cosa o persona.
  Ejemplo: Este ascensor es muy pequeño y somos muchos. **Arrímate** a tu vecino para que puedan entrar más personas

- **cima** (*sustantivo, f.*): parte alta de una montaña.
  Ejemplo: Parece que hay nieve en la **cima** de la montaña.

- **codicia** (*sustantivo, f.*): deseo de tesoros y riquezas.
  Ejemplo: En el mundo de las finanzas la **codicia** ha traído muchos problemas a aquellos que siempre quieren más de lo que tienen o pueden conseguir.

- **faldas** de la montaña (*sustantivo, f., pl.*): *significado no literal:* parte baja de las montañas; *sentido literal:* prenda de vestir que llevan las mujeres.
  Ejemplos: He comprado una extensión de tierra en la **falda** de la montaña para construirme una casa. Hoy en día las chicas llevan unas **faldas** muy cortas.

- **garrote** (*sustantivo, m.*): palo o trozo de madera grueso y fuerte.
  Ejemplo: Mientras caminaba por el parque me caí y me lastimé el pie. Encontré un **garrote** y me apoyé en él para poder caminar y regresar a casa.

- **entumecía** (*verbo* [**entumecer**]): impedir el movimiento de una parte del cuerpo. También congelarse o paralizarse.
  Ejemplo: Cuando me caí, se me **entumeció** todo el cuerpo y no me podía mover.

- **escarpada** (*adjetivo, f.*): que tiene una subida peligrosa y difícil de pasar.
  Ejemplo: La **escarpada** montaña es peligrosa. No creo que pueda subir.

- **greda** (*sustantivo, f.*): arcilla o arena.
  Ejemplo: La **greda** que encontraron en esa cueva tiene unos minerales únicos.

- **husos** (*sustantivo, m.*): instrumento que se usa para pasar el hilo y tejer.

- **lomo** (*sustantivo, m.*): espalda de un animal.

- **neblina** (*sustantivo, f.*): conjunto de nubes espesas.

- **penumbra** (*sustantivo, f.*): sombra débil entre la luz y la oscuridad.
  Ejemplo: No pude identificar al visitante porque entró entre **penumbras** y no había luz.

- **precipicio** (*sustantivo, m.*): caída brusca y peligrosa en una montaña.
  Ejemplo: Tienes que tener cuidado cuando paseas por la costa ya que a veces uno encuentra **precipicios** muy peligrosos.

- **resina** (*sustantivo, f.*): sustancia orgánica con propiedades inflamables que fluye de plantas y árboles.
  Ejemplo: Ten cuidado al sentarte al lado de ese árbol porque tiene **resina** y te vas a manchar la ropa.

(Continúa en la página siguiente.)

¿QUÉ QUIERE DECIR...?

- **se percató** (*verbo* [**percatarse**]): darse cuenta. Ejemplo: Al entrar en la cueva **se percató** de una luz que venía del fondo.

  Añade otras palabras nuevas que has aprendido del texto.

  _____

  _____

  _____

4–9 **Trabajemos con el texto.**

1. Indica el orden en que tuvieron lugar las siguientes acciones en el texto.

   _____ El joven indígena regresó a su casa y no contó nada a nadie por mucho tiempo.

   _____ El joven indígena devolvió un pequeño cóndor a su nido.

   _____ El joven indígena entró en una gruta y descubrió un gran tesoro.

   _____ Los padres del pequeño cóndor llevaron al joven indígena a la cima del Illimani.

2. Sin mirar el texto, relata los sucesos principales de la leyenda. ¿Puedes también describir el cóndor?

3. En las leyendas es frecuente ver relaciones entre personas y animales. ¿Por qué la personificación de animales es tan común en la cultura popular? ¿Qué tipo de características tienen estos animales?

4. ¿Por qué la gente antiguamente escondía tesoros en cuevas o en otros lugares de difícil acceso? ¿Qué valor les daban los pueblos indígenas al oro y a las riquezas? ¿Tienen el mismo valor para nosotros hoy?

Un reto

La memoria es muy importante en una narración detallada. Individualmente estudia durante dos minutos el contenido de la historia del texto. Después usando la guía de expresiones temporales que aparecen al principio de este capítulo prepara una presentación oral de la historia pero simplemente usando tu memoria. En grupos, cuenten su historia usando todos los detalles posibles y las formas diferentes de expresar secuencia de acciones. En el grupo, decidan quién hizo la mejor presentación.

INVESTIGA

Leyendas y mitos de Sudamérica

Paso 1: Busca alguna leyenda o mito indígena de Sudamérica de tu interés y anota información sobre sus personajes, lugar/época y acontecimientos principales.

Paso 2: Investiga a fondo el grupo indígena que se menciona en la leyenda (u otro grupo que te interese). Anota información sobre su origen, su forma de vida, su colonización y su vida presente.

EXPRESÉMONOS

4–10 En busca de.... Habla con diferentes compañeros/as y escucha las leyendas que investigaron en **Investiga: Leyendas y mitos de Sudamérica**. Completa la siguiente tabla con el nombre correspondiente de la leyenda.

Busca una leyenda que....

a. tenga un final feliz

b. tenga un final triste

c. tenga un final misterioso

d. tenga un evento mágico

4–11 Nuestros pueblos indígenas. Los nativos americanos también tienen su historia. ¿Cómo se parecen a los indígenas latinoamericanos?

Paso 1: En clase narren entre todos la historia de los nativos americanos en los Estados Unidos.

¿Cuál es su origen?

¿Cómo eran y cómo vivían?

¿Cómo fueron conquistados?

¿Cómo es su vida hoy?

Paso 2: En grupos narren la historia de los grupos indígenas que investigaron en **Investiga: Leyendas y mitos de Sudamérica** y anoten las semejanzas y/o las diferencias entre los grupos indígenas y los nativos americanos usando las preguntas del **Paso 1** como referencia. ¿Qué tienen en común los nativos americanos y los indígenas latinoamericanos?

4-12 Un personaje secundario. Toda historia tiene su(s) personaje(s) principal(es) pero los personajes secundarios son también necesarios para entender muchas de las acciones que ocurren. En parejas, narren la leyenda que investigaron en **Investiga: Leyendas y mitos de Sudamérica** y escojan al personaje secundario que les parece más interesante. Imaginen una leyenda para este personaje y preséntenla en clase. En esta nueva leyenda, presten atención a...

a. la forma de vida y características del grupo indígena al que pertenece este personaje.

b. la presencia de elementos simbólicos relacionados con la historia del país del personaje.

c. las diferentes partes del relato (contexto, complicación y conclusión) y las expresiones temporales en la narración.

No olviden darle un nombre a este personaje que ahora es un personaje principal.

LAS COSAS DEL DECIR

El quechua es una lengua indígena de la región andina de Perú y Bolivia. Son innumerables los vocablos de origen quechua que aparecen en el español de Latinoamérica. Su presencia es tan importante que incluso en Perú el quechua comparte estatus de lengua oficial junto al español. El español de Chile también ofrece ejemplos de palabras de origen quechua.

achira: planta

chacra: granja

chala: zapato rústico

china: india o mestiza que se dedica al servicio doméstico

chirimoya: fruto del chirimoyo

chuchoca: maíz cocido y seco

chupalla: sombrero de paja

cocaví: provisión de alimentos para un viaje

cóndor: especie de buitre

garúa: llovizna

guaso: rústico, campesino de Chile

huachalomo: trozo de carne

llama: mamífero rumiante

palta: aguacate

papa: patata

pirca: pared de piedra con barro

 ¡A dialogar!

En parejas, preparen un crucigrama de diez palabras usando al menos cinco palabras quechuas. Intercambien su crucigrama con otra pareja para que lo complete.

Mezquita de Córdoba, Espana. La influencia musulmana aparece en la arquitectura y la lengua. Palabras como aceite, almacen, jarabe y arroz son de orgin arabe.

PREPARÉMONOS

4–13 **Las raíces de la Península.** España es también un lugar con influencias históricas muy variadas.

Paso 1: Aprende de memoria los datos informativos sobre la historia española que te da tu profesor/a.

Paso 2: Comparte la información del **Paso 1** con otros estudiantes en clase para completar la historia de España. Cada estudiante debe saber si la información que tiene va antes o después de la información de otro/a compañero/a.

Modelo: **E1:** *Yo tengo que en el año 722 el rey Pelayo ganó la batalla de Covadonga contra los musulmanes.*

E2: *Yo sé que el imperio romano empezó a caer en el año 409. Mi evento ocurrió antes que el tuyo.*

Paso 3: Después de compartir toda la información del **Paso 1,** formen un círculo en clase, en orden cronológico, según los datos informativos de cada estudiante. Entre todos narren la historia de España.

INFÓRMATE

Una leyenda muy conocida en España es la de los amantes de Teruel, una historia de amor que representa la fuerza del amor en la vida y en la muerte.

4–14 **Antes de leer.** En parejas, contesten las siguientes preguntas.

1. La historia de los amantes de Teruel narra la historia de dos jóvenes que tuvieron dificultades para poder compartir su amor. ¿Qué tipo de dificultades puede tener una pareja para casarse (p. ej., culturas diferentes)?

2. ¿Es posible morir por amor o es simplemente una forma de hablar? Razonen su respuesta. tu respuesta.

Los amantes de Teruel, historia y leyenda

Cuenta la leyenda que en la pequeña ciudad de Teruel, en el viejo Aragón y allí por el siglo XIII vivieron dos jóvenes enamorados que el destino separó en vida pero unió en la muerte.

Diego Juan de Marcilla era un joven **apuesto** de alrededor de veintidós años de la ciudad de Teruel quien se enamoró locamente de Isabel de Segura, una joven y hermosa doncella de unos 15 años. Los jóvenes se juraron fidelidad y amor eterno pero su destino fue bien distinto.

Diego Juan de Marcilla era el segundo hijo varón de su familia y, por tanto, no tenía derechos de herencia; mientras que Isabel era hija única de una de las casas más ricas de la ciudad. Un día los enamorados pidieron permiso para casarse pero el padre de Isabel rechazó a Diego por no ser el **pretendiente** ideal para su hija por su falta de patrimonio y riqueza. Entonces Diego Juan de Marcilla juró hacer fortuna como soldado en las tropas cristianas que luchaban contra la invasión musulmana. El padre de Isabel le concedió un plazo de cinco años. Durante este tiempo, Isabel esperó en Teruel, rechazando propuestas de matrimonio de muchos de los nobles de la ciudad y **suplicando** a su padre que esperara pacientemente el regreso de su amado Diego con su fortuna. Pero el padre de Isabel no quería esperar más y convenció a Isabel de que se casara.

Pasado el plazo de cinco años, y sin noticias de Diego, Isabel contrajo matrimonio con un aristócrata, pero el mismo día de su matrimonio regresó Diego a Teruel. Al saber que su amada se había casado, Diego sintió rabia, cólera y **pesar**, y decidió ir a ver a Isabel para escuchar de su boca que se había casado y si lo había olvidado. Al ver a Isabel, Diego, todavía enamorado, le pidió un primer y último beso. Ella se lo **negó**, ya que ahora estaba casada y él, ante tal desprecio, cayó muerto. Isabel contó lo sucedido a su esposo quien sin pensarlo mucho llevó el cuerpo de Diego a la casa de su padre y allí en la misma puerta lo dejó sin explicar lo sucedido.

El padre de Diego, desconsolado y triste, llevó el cuerpo de su hijo a la iglesia de San Pedro para celebrar el **entierro**. Isabel, presente durante la ceremonia, se acercó lentamente al cuerpo sin vida de su amado y, desbordada de amor, tristeza y arrepentimiento le dio en muerte el beso que le había negado en vida para, inmediatamente, morir al lado de su amado. Teruel entera se conmocionó. Viendo tan gran amor, se decidió enterrar a los dos enamorados juntos en la Iglesia de San Pedro de Teruel.

En 1555, mientras se renovaba la iglesia de San Pedro de Teruel, aparecieron los cuerpos de dos jóvenes enterrados juntos y pronto, la tradición popular los identificó como los restos de los amantes de Teruel. En 1619 se encontró un documento del siglo XIV titulado "Historia de los Amantes de Teruel" y fue entonces cuando la tradición popular se convirtió en historia. Hoy los restos de los Amantes de Teruel son honrados en el Mausoleo de los Amantes de Teruel, junto a un museo anexo a la Iglesia de San Pedro donde los visitantes pueden aprender más del contexto social y cultural de esta historia.

¿QUÉ QUIERE DECIR...?

- **apuesto** (*adjetivo, m.*): atractivo, con buena presencia.
- **entierro** (*sustantivo, m.*): acción de poner una persona muerta debajo de la tierra.
  Ejemplo: Cuando Michael Jackson murió, se hizo un **entierro** solo con la familia y amigos más íntimos.
- **pesar** (*sustantivo, m.*): tristeza, dolor.
  Ejemplo: Cuando escuché la noticia del terremoto en California sentí mucho **pesar** por las personas afectadas.
- **pretendiente** (*sustantivo, m.*): persona que ha pedido en casamiento a otra persona; novio, prometido
- **suplicando** (*verbo* [**suplicar**]): pedir insistentemente.
  Ejemplo: Ayer **supliqué** a mis padres que me dejaran ir a la fiesta con mis amigos.

Añade otras palabras nuevas que has aprendido del texto.

_____

_____

_____

4–15 Trabajemos con el texto.

1. Completa las siguientes oraciones con información del texto usando tus propias palabras.

   a. El padre de Isabel le negó la mano de su hija a Juan de Marcilla porque
   _____

   b. Para conseguir fortuna, Juan de Marcilla decidió
   _____

   c. Cuando Juan de Marcilla regresó de la guerra, descubrió
   _____

   d. Para despedirse de Isabel, Juan
   _____

   e. En el entierro de Juan, Isabel
   _____

2. Ofrece sinónimos para las siguientes palabras que aparecen en el texto.

   a. amante: _____

   b. fortuna: _____

   c. noble: _____

3. Isabel y Juan nunca llegaron a casarse. ¿De quién es la culpa, de Isabel o de Juan? Razona tu respuesta.

4. En ciertas culturas todavía hoy los padres buscan pareja para sus hijos. ¿Qué razones existen para seguir esta tradición? ¿Qué ventajas y desventajas hay en esta costumbre? ¿Es posible ser feliz en un matrimonio arreglado?

Amigos sin fronteras

Casi todas las culturas tienen leyendas que narran el romance de dos personas. Contacta a tus amigos/as y pregúntales si su cultura tiene una leyenda romántica. En clase, comparte la información que recibas.

INVESTIGA

Leyendas y mitos de España y Centroamérica

España y Centroamérica comparten ciertos elementos históricos pero mientras la presencia indígena caracteriza la historia de Latinoamérica, la influencia medieval, judía y árabe determina parte de la historia de la Península. Investiga una leyenda de Centroamérica y otra de España que te interesen y anota información sobre sus personajes, lugar/época y acontecimientos principales.

EXPRESÉMONOS

4–16 Reporteros de la historia. La leyenda en su forma escrita es el trabajo de historiadores o reporteros que mediante entrevistas e investigaciones consiguieron todos los datos necesarios. Imagina que eres un/a reportero/a para una revista de cultura latinoamericana en los Estados Unidos y quieres escribir sobre una leyenda.

Paso 1: Entrevista a dos compañeros/as que investigaron una leyenda centroamericana diferente a la tuya en **Investiga: Leyendas y mitos de España y Centroamérica** para conocer su leyenda. Haz preguntas detalladas sobre sus personajes, el lugar donde ocurre la acción, el acontecimiento principal, etc., pero solo puedes hacer 10 preguntas. Anota toda la información que recibas.

Paso 2: En 10 minutos narra en forma escrita la leyenda que más te interesó.

Paso 3: Lee la narración que recibas, evalúala siguiendo el siguiente criterio y entrega tu evaluación a su escritor/a;

☺ La narración es muy parecida a la información recogida en mi leyenda. Tienes muchos de los detalles importantes.

☺ La narración se parece bastante a la información recogida en mi leyenda pero faltan algunos detalles importantes.

☹ La narración contiene información que no es correcta o faltan muchos detalles importantes.

¿Crees que tienes las dotes necesarias para ser un/a buen/a reportero/a?

4–17 Historias de la Península. Las leyendas ofrecen una oportunidad excelente para dar a conocer la historia de un país a los más jóvenes.

Paso 1: En grupos cada persona narra en detalle la leyenda española que investigó en **Investiga: Leyendas y mitos de España y Centroamérica.** No olvides ofrecer detalles en las tres partes de la narración: contexto, complicación, conclusión.

Paso 2: Escojan la leyenda que les parece más interesante y contesten las siguientes preguntas al respecto.

1. ¿Por qué es interesante esta leyenda?
2. ¿Qué elementos ficticios contiene?
3. ¿Qué elementos históricos contiene?

Paso 3: Imaginen que tienen la oportunidad de contar una leyenda a un público infantil. Preparen una dramatización de la leyenda que escogieron en el **Paso 2.** Una persona en el grupo debe ser el/la narrador/a de la leyenda mientras las otras personas deben dramatizar las acciones de la leyenda. Incluyan diálogo si es necesario. Dramaticen su leyenda en clase.

4–18 **Conocimientos históricos.** En esta lección se han narrado muchas leyendas y mitos. ¿Eres capaz de recordar en detalle todas las leyendas?

Paso 1: En clase comparte el nombre y el país de las leyendas que investigaste en las actividades **Investiga** y anota el nombre de la leyenda que más te interesa de las mencionadas por tus compañeros.

 Paso 2: Busca a la persona que investigó la leyenda que te interesa y escucha su narración en detalle. Anota la información más interesante usando el esquema de contexto, complicación y conclusión. Haz todas las preguntas que necesites para tener toda la información necesaria.

Paso 3: Estudia durante unos minutos la información que anotaste en el **Paso 2.**

Paso 4: Narra de memoria la leyenda que estudiaste en el **Paso 2** con la persona que investigó esa leyenda. ¿Recordaste todos los detalles?

Un reto

Tres grupos, tres debates

1. ¿Quién escribe la historia: los ganadores o los perdedores? ¿Hay ganadores o perdedores en todas las historias? ¿o hay simplemente sobrevivientes?
2. Los acontecimientos de hoy son la historia de mañana. ¿Qué acontecimientos actuales formarán parte de nuestra historia del mañana? ¿Por qué? ¿Qué acontecimientos actuales no formarán parte de la historia?
3. La verdad de un momento histórico es a veces protegida en el presente y se descubre en el futuro. ¿Es necesario ´guardar secretos´ para mantener la paz? ¿Por qué?

PUNTO Y FINAL

Aquí tienes la oportunidad otra vez de narrar una experiencia personal que haya tenido lugar en tu pasado. La narración debe durar tres minutos aproximadamente. Escoge entre los siguientes temas. Incluye tantos detalles como sea posible.

1. un día que pasó algo vergonzoso
2. mi primer día de trabajo
3. una experiencia divertida
4. un accidente
5. otro tema de tu elección

Narra tu historia en casa y grábala. Después escucha tu propio relato y anota tu reflexión personal. ¿Qué aprendiste sobre tu capacidad de narrar?

Vocabulario

Mitos y leyendas

Los trabajadores

el/la agricultor/a	*farmer*
el/la artesano/a	*craftsman/craftswoman*
la artesanía	*craftsmanship*
el/la cazador/a	*hunter*
la caza	*hunting*
el/la esclavo/a, cautivo/a	*slave*
la esclavitud	*slavery*
el/la pescador/a	*fisherman/fisherwoman*
la pesca	*fishing*

Los conceptos de una conquista

la aniquilación	*annihilation, destruction*
aniquilar, exterminar, suprimir	*to annihilate, exterminate, suppress*
la civilización	*civilization*
civilizar	*to civilize*
la cristianización	*Christianization*
cristianizar	*to Christianize*
los datos	*facts*
la época	*time, age*

Los poderosos

el/la cacique	*chief*
el colonizador	*colonizer*
la colonización	*colonization*
el conquistador	*conqueror*
la conquista	*conquest*
el/la dueño/a	*owner*

La vida entre los nativos

la ceremonia/celebración, el culto	*ceremony*
la creencia/convicción, el credo	*belief*
la destreza/habilidad/maña	*skill*
la riqueza/prosperidad/opulencia	*richness*
la sabiduría	*wisdom*
sabio, culto, docto	*wise*
la superstición	*superstition*
el tesoro	*treasure*

CAPÍTULO 5

El mundo de las noticias

Relatar acontecimientos y ofrecer opiniones

Los consumidores consideran que el quiosco es un buen punto para comprar la prensa, revistas, golosinas y tabaco. Los quioscos nacieron a principios del siglo XX cuando aparecieron numerosas publicaciones y el típico "vendedor de periódicos" en las calles no podía vender todo lo que se publicaba.

Objetivos de comunicación

Al relatar o resumir información es primordial ser "objetivo", es decir, es necesario presentar hechos y sucesos importantes de una manera precisa y completa. En un reportaje los hechos reflejan la verdad y, por lo tanto, se debe presentar la información tal y como es. Por otro lado, las opiniones se basan frecuentemente en hechos, pero suelen ser bastante subjetivas y no siempre reflejan la realidad. En este capítulo relataremos acontecimientos de forma objetiva y ofreceremos opiniones personales usando el mundo periodístico como modelo.

Lecturas

Matan a 14 en fiesta estudiantil de Juárez

Ciudad Juárez dice ¡Basta ya! no más negocio de la muerte y el sufrimiento

Los blogs, buenos aliados de la lucha en contra de la censura de prensa

Investiga

Las noticias del día

Los blogs: Noticias y opiniones

Según un estudio reciente realizado en España, solo el 29% de los jóvenes lee el periódico diariamente. El 77% prefiere informarse a través de las redes sociales.

¿Cuál es el objetivo de los titulares en las noticias?

¿Qué secciones se encuentran en un periódico?

¿Cuál es la diferencia entre una noticia y un editorial en un periódico?

¿Por qué el lenguaje periodístico es objetivo y preciso?

¿Cómo podemos relatar algo de forma objetiva?

CONVERSEMOS

PUNTO DE PARTIDA

En grupos narren una noticia que haya ocurrido recientemente en el campus o en la comunidad local. Después, ofrezcan sus opiniones personales al respecto.

Lenguaje objetivo

El objetivo de una noticia es informar de forma breve y objetiva. Para ser objetivo hay que evitar el uso de adjetivos y/o adverbios que denoten subjetividad y los pronombres personales o verbos en primera persona. En general hay que utilizar oraciones breves, claras y sencillas. Por el contrario, el lenguaje subjetivo expresa opiniones, juicios o estimaciones.

Compara las dos oraciones:

> *Los indígenas alzados contra el gobierno han comenzado a replegarse y a abandonar los bloqueos de las carreteras.*
>
> *Los indefensos indígenas han abandonado la lucha contra el gobierno opresor que ha matado brutalmente a decenas de personas.*

El uso de palabras como *indefensos, opresor, brutalmente* refleja un sentimiento personal y subjetivo.

¡Vamos a practicar!

5–1 ¿Objetivo o subjetivo? El uso del lenguaje determina la objetividad o subjetividad de lo que se dice. En parejas, decidan qué oraciones expresan un juicio personal u opinión y qué oraciones simplemente ofrecen datos objetivos.

1. El presidente tiene dos perros.
2. Al presidente le encantan los perros.
3. En los Estados Unidos más del 60% de los hogares tiene dos o más televisores.
4. Dicen que los estadounidenses vemos mucho la televisión pero no es cierto. En casa vemos la televisión solo por las noches.
5. Puerto Rico es una isla bellísima.
6. Puerto Rico es una isla.
7. No se permite robar, según la ley.
8. Claro que se permite robar si, por ejemplo, me estoy muriendo de hambre.
9. Este coche costó $25.000.
10. Este coche fue muy barato.
11. El comité olímpico desafortunadamente eligió Río de Janeiro como la sede de las Olimpiadas de 2016.
12. El comité olímpico eligió Río de Janeiro como la sede de las Olimpiadas de 2016.

La noticia

Al principio de la noticia se informa de los hechos principales. En el cuerpo de la noticia es necesario presentar los datos específicos de forma clara, respondiendo a las preguntas de quién, qué pasó, cuándo, dónde y por qué y/o cómo.

La siguiente noticia identifica los datos principales de los hechos ocurridos de forma precisa y clara:

Miles de estudiantes chilenos reinician protestas

SANTIAGO, Chile — Con desmanes, represión policial y detenidos concluyó una marcha callejera en la primera protesta estudiantil del año convocada por universitarios de establecimientos privados en demanda del término del lucro.

Varios miles de jóvenes marcharon por el centro capitalino, pero la autoridad de gobierno cambió la noche del martes el recorrido, lo que irritó a los convocantes y los desmanes comenzaron cuando los estudiantes intentaron desafiar el cerco policial.

Grupos de encapuchados, como suele ocurrir en las protestas estudiantiles, se enfrentaron con la policía, que detuvo a una cantidad indeterminada de jóvenes.

La policía lanzó gases lacrimógenos y usó carros hidrantes para dispersar a los estudiantes que marchaban. Los incidentes se extendieron a calles aledañas a la estatal Universidad de Santiago.

28 de marzo 2013

1. Quién: Estudiantes chilenos
2. Dónde: Chile
3. Cuándo: 28 de marzo de 2013
4. Qué pasó: Estudiantes chilenos protestaron en las calles y algunos fueron detenidos
5. Por qué: Los estudiantes protestaron para demandar el término del lucro en las universidades privadas. La policía detuvo a estudiantes en la protesta porque algunos estudiantes se enfrentaton a la policía.

¡Vamos a practicar!

5-2 Inventando noticias.

Paso 1: Piensa en alguna noticia reciente relacionada con tu comunidad. Usando las preguntas esenciales en un reportaje, prepara la noticia.

¿Quién?	
¿Qué pasó?	
¿Cuándo?	
¿Dónde?	
¿Cómo/Por qué?	

Paso 2: Relata la noticia a dos compañeros/as distintos/as y, mientras escuchas las noticias de tus compañeros/as, completa las tablas.

Noticia 1	
¿Quién?	
¿Qué pasó?	
¿Cuándo?	
¿Dónde?	
¿Cómo/Por qué?	

Noticia 2	
¿Quién?	
¿Qué pasó?	
¿Cuándo?	
¿Dónde?	
¿Cómo/Por qué?	

Paso 3: Compara la tabla de tu noticia (**Paso 1**) con la tabla de las noticias del **Paso 2**. ¿Qué noticia te parece más relevante y por qué?

5-3 **Improvisación.** Los/Las periodistas a menudo reciben datos en el último momento y deben resumir la noticia rápidamente para que pueda aparecer en el noticiero del día.

Paso 1: En parejas, escriban en papeles separados datos para responder las preguntas de un reportaje (¿quién?, ¿qué pasó?, ¿cuándo?, ¿dónde?, ¿cómo?/ ¿por qué?). No es necesario que los datos estén relacionados entre sí para formar una noticia.

Paso 2: Con la información que reciben, deben relacionar todos los datos y formar una noticia interesante.

Paso 3: En grupos, relaten sus noticias y ofrezcan titulares para cada noticia.

Las opiniones

Para expresar opiniones efectivas es importante recordar que:

a. las opiniones intentan ser válidas, no verdaderas.

El problema del desempleo es más grave en América Latina que en Europa.

Esta opinión es válida si ofrecemos datos que describan el significado de *grave*. Por ejemplo, si hablamos de las consecuencias del desempleo en América Latina, donde el nivel de pobreza es mayor que en Europa, esta opinión es válida. Sin embargo, la veracidad de una opinión es subjetiva. No podemos decir que esta opinión sea verdadera o no, precisamente porque el adjetivo *grave* tiene muchos significados.

b. las opiniones son personales pero basadas en observaciones. Por eso, es necesario respaldar las opiniones con hechos objetivos y no con experiencias personales. Una experiencia personal puede servir como ejemplo, pero primero es necesario ofrecer datos específicos pero generales.

Compara las dos respuestas a la siguiente pregunta:

— *¿Piensas que los programas de estudios en el extranjero son buenos?*

R1: *Claro que sí. Por ejemplo, el semestre pasado fui a Argentina para estudiar. Viví con una familia maravillosa, tuve unas clases fantásticas y conocí a muchos argentinos. Aprendí mucho.*

R2: *Los programas de estudios son buenos para aprender de primera mano la cultura del país. También, son efectivos porque uno puede transferir los créditos a la carrera universitaria en los Estados Unidos. Sin embargo, estos programas a veces son demasiado estructurados y el estudiante no tiene libertad de integrarse completamente en la cultura. Además, con frecuencia el estudiante toma clase con otros estadounidenses.*

Cómo opinar

Cómo pedir opiniones

¿Crees que...?	*Do you think that...?*
¿Cuál es tu opinión de...?	*What is your opinion of...?*
¿Estás de acuerdo en que...?	*Do you agree that...?*
¿Qué piensas de...?	*What do you think of...?*

Cómo expresar opiniones

A mi parecer...	*In my opinion...*
Creo/pienso/considero que...	*I believe that...*
En mi opinión...	*In my opinion...*
En primer lugar y ante todo...	*In the first place and above all...*
Hay que tener en cuenta que...	*It is necessary to keep in mind that...*
Me parece que...	*It seems to me that...*
Es evidente que...	*It is evident that...*
Se debe considerar que...	*It should be considered that...*

¡Vamos a practicar!

 5-4 Pero, ¿por qué? Una opinión tiene que estar fundamentada en hechos u observaciones.

Paso 1: En parejas, decidan qué hechos se podrían utilizar para apoyar estas opiniones.

Modelo:

Opinión: *Al presidente le encantan los perros.*

Hechos: *Tiene tres perros.*

Para Navidades compra regalos para sus perros.

Siempre los lleva de vacaciones con él.

En una entrevista el presidente comentó que le encantaban los perros.

1. Los jóvenes hoy en día no respetan a nadie.

2. Los periódicos no tienen futuro.

3. A los estadounidenses no les interesan las noticias internacionales.

Paso 2: Piensen en dos preguntas para saber la opinión sobre algún tema relacionado con los medios de comunicación (p. ej.: radio, televisión, la red, periódicos).

Modelo: *¿Por qué crees que la gente no lee periódicos?*
¿Piensas que los programas de radio son aburridos?

Cada persona entrevista a un/a compañero/a diferente. Cuando el/la compañero/a responde a la pregunta, tú debes reaccionar con **Pero, ¿por qué?** para que el/la compañero(a) ofrezca hechos u observaciones sobre sus opiniones.

Modelo: **E1:** *¿Por qué crees que la gente no lee periódicos?*
E2: *Creo que la gente prefiere la televisión.*
E1: *Pero, ¿por qué?*
E2: *En la televisión hay imágenes y es más fácil prestar atención y entender las noticias.*

Amigos sin fronteras

Contacta a tus amigos/as y pregúntales qué programas televisivos son los más populares en su país y por qué. ¿Hay programas en ese país que se parecen a programas aquí en los Estados Unidos? En clase, comparte la información que recibas.

Vocabulario del tema: El periodismo

El mundo editorial

el chisme	*gossip*
la crónica de sucesos	*accident and crime report*
el diario/periódico	*newspaper*
la fuente	*source*
el informe	*report*
los medios de comunicación	*media*
la noticia	*news item*
la polémica	*controversy*
la prensa	*press*
la prensa rosa/del corazón	*entertainment media, celebrity news*
la prensa sensacionalista	*tabloid press*
la publicidad	*advertising*
el resumen	*summary*
la revista	*magazine*
la revista semanal/el semanario	*weekly magazine or newspaper*
el suceso	*event/incident*
las tiras cómicas *(pl.)*	*comics*

La programación

el boletín informativo	*news bulletin*
la cadena/el canal	*TV channel*
el documental	*documentary*

los dibujos animados	cartoons
la emisora	radio station
el guion	script
el mundo del espectáculo	show business
el noticiero/telediario/noticiario	(the) news
el/la oyente	listener
la serie televisiva	TV series
el/la telespectador/a	TV viewer
la telenovela	soap opera
la telerrealidad	reality TV

¡Vamos a practicar!

5–5 Comparación de cadenas. En grupos, escojan <u>dos</u> cadenas televisivas o emisoras de radio actuales y establezcan comparaciones.

Paso 1: Las dos cadenas televisivas o emisoras de radio son: _____ y _____.

Paso 2: ¿En qué se diferencian las dos cadenas según los siguientes aspectos?

    a. la programación
    b. el tipo de información que difunden
    c. los telespectadores/los oyentes

¿Qué sugerencias pueden ofrecer a estas cadenas para mejorar su calidad?

Vocabulario del tema: El periodismo

Profesionales de la prensa

el/la cámara	camera man/woman
el/la entrevistador/a	interviewer
el equipo de redacción	editorial staff
el/la fotógrafo/a	photographer
el/la periodista	journalist
el/la presentador/a	TV host
el/la productor/a	producer
el/la redactor/a	editor
el/la redactor jefe/a	Editor in chief
el/la reportero/a	reporter

Dar noticias

analizar	to analyze
argumentar	to argue
difundir	to disseminate
informar	to inform
narrar/contar/relatar	to tell (used for an event or a story)
resumir	to summarize

¡Vamos a practicar!

5-6 **Los profesionales de la comunicación.** En parejas describan las similitudes y las diferencias entre los diversos profesionales en el mundo de la televisión, la prensa escrita y la radio. ¿Qué trabajo les gustaría tener y por qué?

5-7 **La telebasura.** La "telebasura" es un término que se usa para describir programas televisivos que se centran en el sensacionalismo y el escándalo. En parejas piensen en tres programas televisivos actuales que puedan describirse como "telebasura". ¿Cuál es el papel de los siguientes profesionales en estos programas?

1. el/la entrevistador/a y/o presentador/a
2. el equipo de redacción
3. el/la cámara
4. el/la productor/a

¿Por qué tiene tanto éxito la "telebasura"?

Buscapalabras. Los diccionarios bilingües son muy útiles para buscar palabras en un momento preciso pero se basan en la traducción, lo cual limita su uso. El diccionario monolingüe es imprescindible si se quiere desarrollar la expresión creativa porque ofrece explicaciones extensas, información gramatical detallada y usos de diferentes variedades del español.

Paso 1: En un diccionario monolingüe es fácil encontrar el significado de expresiones coloquiales. Busca el significado de estas expresiones en un buen diccionario monolingüe.

hablar por los codos
andarse por las ramas
al pie de la letra

Paso 2: El diccionario monolingüe ofrece significados específicos de diferentes variedades del español. Busca las siguientes palabras y anota su primer significado y el significado que tenga en alguna variedad del español.

la tertulia
la pluma
la cartera

Amigos sin fronteras

Contacta a tus amigos/as y pídeles que te den cinco expresiones coloquiales que se usan en su país y sus significados. En clase, comparte la información que recibas.

EXPLOREMOS

PREPARÉMONOS

5–8 **La misma noticia, diferentes perspectivas.** La forma en que las noticias son representadas en diferentes medios de comunicación refleja la diversidad en la población y sus intereses.

Paso 1: ¿Qué diferentes tipos de noticias se ofrecen en un noticiero (p. ej., deportes)

1. _____

2. _____

3. _____

4. _____

Paso 2: En grupos, escojan un tipo de noticia del **Paso 1** y un medio de comunicación (p. ej., radio o televisión). Identifiquen dos programas específicos de ese medio que incluyen el tipo de noticias elegido.

Medio de comunicación: _____

Tipo de noticias: _____

Dos programas: _____ y _____

Paso 3: ¿En qué se diferencian los programas mencionados en el **Paso 2**?

Paso 4: Piensen en un titular para el tipo de noticias del **Paso 2** (p. ej., Tiger Woods abandona el golf) y desarrollen la noticia brevemente tal como aparecería en cada uno de los dos programas específicos mencionados arriba. Compartan las noticias en clase.

INFÓRMATE

Tradicionalmente un/a periodista es una persona que narra una noticia con el único propósito de informar. Sin embargo, a menudo nos encontramos con noticias narradas por periodistas que no simplemente informan sino también ofrecen su opinión personal. En febrero de 2010 un grupo de estudiantes fueron asesinados mientras celebraban una fiesta de cumpleaños en Ciudad Juárez, México. Los siguientes dos textos narran la misma noticia pero con tonos diferentes.

5–9 **Antes de leer.** En parejas, contesten las siguientes preguntas.

1. ¿Cuándo un/a periodista puede ofrecer su opinión? ¿Conocen periodistas que fácilmente dejan ver su opinión en las noticias que analizan?

2. ¿Cómo se puede determinar la opinión de un/a periodista en la narración de una noticia? ¿Qué tipo de lenguaje utiliza el/la periodista?

Matan a 14 en fiesta estudiantil de Juárez

Los disparos que un comando realizó contra los invitados a una fiesta en la colonia Villas de Salvárcar, en el sureste de esta ciudad, causaron la muerte de 14 personas, en su mayoría adolescentes, así como 14 lesionados, dos de ellos de gravedad, quienes fallecieron más tarde.

El ataque ocurrió la madrugada del domingo en el exterior e interior de tres casas de la calle Villa de la Paloma, donde estudiantes del plantel 9 del Colegio de Bachilleres y del Centro de Estudios de Bachillerato Técnico Industrial y de Servicios (CBTIS) 128 celebraban el cumpleaños de uno de ellos.

Tres adolescentes cayeron **abatidos** afuera de la casa número 1306, otros tres frente al 1308 y cuatro más en el 1310. Cuatro más fallecieron durante el traslado y afuera de los hospitales. Una de las víctimas era estudiante de la Universidad Autónoma de Chihuahua.

Entre los muertos se contaron 10 estudiantes de preparatoria, un universitario y tres adultos, según informó la Procuraduría de Justicia del Estado. Algunos de los cadáveres fueron recogidos en los patios traseros de varias casas debido a que los jóvenes fueron alcanzados por las balas al tratar de escapar.

Las autoridades indicaron que los agresores buscaban a un individuo y aunque el móvil no ha sido definido, una de las líneas de investigación tiene que ver "con el narcotráfico y vinculado a la delincuencia organizada".

La mayoría de los heridos fueron llevados por sus mismos familiares al Hospital General de Zona, cercano al lugar.

El alcalde de Ciudad Juárez, José Reyes Ferriz, dijo que los gobiernos municipal y estatal se harán cargo de los gastos médicos y apoyo sicológico, y ofreció una recompensa de un millón de pesos a quienes aporten información y datos para dar con los agresores.

La Procuraduría confirmó versiones de amigos y vecinos, de que antes de la una de la mañana del domingo, los atacantes, todos encapuchados, llegaron en cuatro camionetas con las que bloquearon el acceso a la casa 1310 de la calle Villa de la Paloma, donde se concentraban unos 60 estudiantes.

Los pistoleros comenzaron a disparar antes de ingresar a la casa y alcanzaron a varias personas que estaban en las viviendas aledañas marcadas con los números 1308 y 1306.

"Algunas personas corrieron y los persiguieron", narró la madre de una joven de 17 años que resultó herida en una pierna y un brazo. "Mi hija estaba adentro cuando llegaron los pistoleros, pero salió corriendo de la casa y se refugió con un vecino de enfrente", relató un hombre que dijo que estaba dentro de la vivienda donde cayeron varias víctimas.

Un vecino que salió corriendo a buscar a su hijo que estaba en la fiesta y fue herido antes de que pudiera ayudarle.

Una de las víctimas es Adrián Encino Hernández, de 17 años, del plantel 9 del Colegio de Bachilleres, quien recientemente recibió un reconocimiento del gobernador de Chihuahua, José Reyes Baeza, por su destacada actividad académica. "Se murió en mis brazos", dijo el abuelo de la víctima, que al escuchar los disparos salió corriendo en busca de su nieto para encontrarlo herido.

En la casa 1306, donde sus propietarios con dos hijos pequeños habían instalado un puesto de dulces y refrescos para venderlos a los estudiantes, el padre murió al recibir varios impactos en la cabeza y su esposa resultó herida. El abuelo, que reside en otra zona, encontró a los dos niños ocultos bajo la cama.

Siete de los lesionados fueron trasladados por sus familiares en autos particulares debido a la tardanza de los servicios de emergencia a la clínica 66 del IMSS y otro a la 35. Uno de los heridos falleció antes de llegar al puesto de urgencias sin haber recibido atención.

Entre gritos de dolor y la angustia, luego de que los desesperados vecinos trataban de comunicarse sin éxito con los servicios de emergencia, los padres de los heridos comenzaron a subirlos a sus vehículos para llevarlos al hospital.

"Soldados y policías llegaron tarde y en vez de ayudarnos nos ordenaron que no moviéramos a los heridos".

Ciudad Juárez dice ¡Basta ya! no más negocio de la muerte y el sufrimiento

La matanza de 14 estudiantes brillantes sin vínculos con el narcotráfico conmociona a la población mexicana

Enero fue el mes más violento del último **lustro** en México. En sólo 34 días, las víctimas del crimen organizado llegaron a 1.000, según el recuento del diario *El Universal*. Hace cinco años, los 1.000 muertos se alcanzaban en septiembre, no en enero. La fronteriza Ciudad Juárez sufrió más terror si cabe: 14 estudiantes de entre 13 y 19 años fueron ejecutados el pasado domingo en una casa cuando celebraban un cumpleaños. Dos adultos que pasaban por allí también murieron. Se ignora el motivo. Según la Fiscalía, el jefe de los **sicarios** que mataron a los jóvenes, brillantes y sin aparentes **vínculos** con el narcotráfico, ya fue **abatido** en un choque con militares. Incrédula, la ciudadanía pide justicia y una investigación profunda. Los más de 16.000 soldados y policías federales y municipales que integran la *operación coordinada Chihuahua* lanzada hace dos años para luchar contra el narcotráfico no pudieron impedir la masacre, ejecutada por 16 **sicarios**.

En una población de un millón y medio de habitantes, 60.000 familias, entre ellas la del alcalde, se han ido a vivir a El Paso, al otro lado de la frontera, en Estados Unidos, a causa de una violencia que ha dejado 10.000 huérfanos, según organizaciones civiles; niños que crecen en un conflicto armado. Impotencia e indignación son los sentimientos que despierta la incapacidad de los responsables públicos, la insensibilidad policial y la impunidad.

SENSACIÓN DE GUERRA

"No hay niño sin una referencia directa de un hecho violento con armas de fuego en Ciudad Juárez", cuenta la socióloga Nashieli Ramírez. "Es una ciudad **patrullada**, con barricadas. Hay una sensación de guerra, con un fuerte impacto en la niñez", añade. Los jóvenes que ni estudian ni trabajan superan la media nacional; las madres adolescentes y los adictos, también. "No es una ciudad amigable. El 80% de los padres no deja salir a sus hijos a las calles. Los niños crecen encerrados alrededor de un televisor", en el que abundan los estereotipos consumistas, violentos y machistas.

La ciudad está militarizada. Los soldados pasean por las calles con el rifle al hombro, salen de los burdeles nocturnos, roban en las casas, amenazan a activistas políticos que muestran su **repulsa** por la militarización, que no ha hecho sino **aumentar el número de crímenes desde que llegaron las fuerzas armadas.**

"La juventud que no tiene opciones es fácilmente cooptada por el narco", subraya Ramírez, socióloga de la ONG Ririki Intervención Social, que trabaja con niños emigrados.

No era el caso de los jóvenes bachilleres asesinados, brillantes en sus estudios. A raíz de su asesinato, la sociedad ha dicho "¡basta!". Se considera que la situación es intolerable y que este caso forma parte de una serie de sucesos violentos "que tienen sumida a la población juarense en el miedo y la indefensión" por la ineficiencia de la *operación Chihuahua*.

La sociedad cree que la situación y la ineficacia de las autoridades es "intolerable".

El Gobierno de Felipe Calderón insiste en que va a "recuperar Juárez para la gente buena". Pocos le creen, muchas veces ya antes lo ha dicho. Él se enriquece también por la situación actual de Juárez.

¿QUÉ QUIERE DECIR...?

- **abatido** (*adjetivo, m.; participio del verbo* **abatir**): eliminar, derrumbar.

  Ejemplo: El policía **abatió** al asesino cuando salía de su casa.

- **basta** (*expresión coloquial*): expresión que se usa para indicar que algo ha terminado o es suficiente.

  Ejemplo: La madre estaba cansada de los gritos de los niños y dijo ¡**basta**! De pronto, todos los niños callaron.

- **sicarios** (*sustantivo, m., pl.*): asesinos que reciben dinero por matar a alguien.

  Ejemplo: El **sicario** que mató a J. P. recibió un millón de dólares.

- **lustro** (*sustantivo, m.*): periodo de cinco años.

  Ejemplo: El **lustro** de 2000-2005 fue muy emocionante porque era el principio de un nuevo siglo.

- **patrullada** (*adjetivo, f.; participio del verbo* **patrullar**): Acción de un grupo de policías o soldados, generalmente en un coche armado, que ronda para mantener el orden y la seguridad en las calles.

  Ejemplo: Trabajo como policía y **patrullo** todas las noches por la ciudad de Chicago.

- **repulsa** (*sustantivo, f.*): condena enérgica a algo.

  Ejemplo: Algunas personas muestran **repulsa** a las fuertes medidas de seguridad en los aeropuertos porque van en contra de la libertad personal.

- **vínculos** (*sustantivo, m., pl.*): unión, alianza.

  Ejemplo: Los **vínculos** del amor entre padres e hijos son muy poderosos.

  Añade otras palabras nuevas que has aprendido del texto.

  _____

  _____

  _____

5–10 Trabajemos con el texto.

1. Lee la primera noticia y contesta las siguientes preguntas para poder resumir su contenido.

   ¿Quién?
   ¿Cuándo?
   ¿Dónde?
   ¿Qué pasó?

2. El autor del segundo artículo habla sobre la violencia en México. ¿Qué datos ofrece para justificar el grado elevado de actos violentos en México? ¿Por qué menciona que existe una sensación de guerra?

3. ¿Por qué la población mexicana dice "¡basta!"? ¿Qué solución crees que hay al problema de la violencia en Juárez?

4. ¿Cuál de los dos textos ofrece un lenguaje más objetivo? Haz una lista de las palabras o expresiones que denotan opiniones o juicios personales. ¿Cuál es la opinión del escritor?

Un reto

En parejas escojan uno de los siguientes titulares y preparen una pequeña narración usando varios adjetivos diferentes que expresen su posición ante el tema. Después presenten su narración en clase y sus compañeros/as decidirán qué posición tienen ustedes respecto al tema: una posición positiva o negativa.

Titulares:

Un doctor de una clínica de abortos fue asesinado al salir de su casa

Encontraron plantas de marihuana en una clínica

Un grupo de universitarios paró el tráfico como protesta por la mala calidad de la comida en las cafeterías

Un conductor falleció al usar el móvil mientras manejaba

INVESTIGA

Las noticias del día

Uno de los programas constantes desde el comienzo de la televisión ha sido el noticiero. Todas las cadenas ofrecen diferentes noticieros diarios. Escucha un noticiero en una cadena hispana y anota los detalles de tres noticias diferentes.

Algunos piensan que existen demasiados medios de comunicación y la competencia entre ellos lleva a noticias inciertas y confusas. ¿Estás de acuerdo?

EXPRESÉMONOS

5–11 Selección de noticias. En la preparación de un noticiero, el equipo de redacción se reúne para compartir las noticias del día y decidir qué noticias aparecerán en el programa.

Paso 1: En grupos, brevemente narren las noticias que investigaron en **Investiga: Las noticias del día.**

Paso 2: Seleccionen <u>cinco</u> noticias relevantes para incorporar en un avance informativo de unos cinco minutos y decidan su orden de presentación en el noticiero.

1. _____

2. _____

3. _____

4. _____

5. _____

Paso 3: En este avance informativo, cada persona del grupo debe narrar una o dos noticias. Decidan las noticias que cada persona va a narrar y presenten su noticiero a la clase.

5–12 En busca de la noticia. Los titulares son importantes porque ofrecen una pequeña mirada al cuerpo de la noticia y además sirven para atraer la atención de los oyentes.

Paso 1: Para dos de las noticias que investigaste en **Investiga: Las noticias del día,** escribe un titular en un pequeño papel.

Paso 2: Intercambia cada titular con una persona diferente.

Paso 3: Busca al/a la "reportero/a" que investigó la noticia del titular que recibiste para que te narre la noticia en detalle. Debes hacerle dos preguntas para obtener más detalles de la noticia.

Paso 4: Usando la información que aprendiste en el **Paso 3,** piensa en dos preguntas de opinión.

Por ejemplo, si la noticia en el **Paso 3** habla sobre una pelea entre fans de dos equipos de fútbol después de un partido, algunas preguntas de opinión pueden ser:

- ¿Qué piensas del fanatismo irracional que a veces se asocia con el deporte? ¿Qué crees que se puede hacer para prevenir peleas entre fans?

- ¿Qué opinión tienes del dinero que ganan algunos deportistas hoy en día? ¿Piensas que es justo o que es demasiado? ¿Por qué?

Hazle las preguntas a tu compañero/a. Recuerda que para ofrecer una opinión es importante dar argumentos razonables.

Repite los **Pasos 3 y 4** con el/la "reportero/a" del otro titular que recibiste.

En clase, compartan algunas de las noticias y opiniones más interesantes.

5–13 **La vida de un/a reportero/a.** A veces los/las reporteros/as llegan a la fama debido a las noticias que investigan y publican. Imagina que eres un/a reportero/a famoso/a y vas a ser entrevistado/a en televisión en un programa informativo similar a "*60 minutes*" pero en español.

Paso 1: De las noticias que investigaste en **Investiga: Las noticias del día** escoge la que te parece que puede ayudarte a alcanzar la fama y piensa en todos los detalles posibles relacionados con esa noticia. Usa tu imaginación si es necesario. En parejas, brevemente narra tu noticia a tu compañero/a.

Paso 2: Usando la información recibida de tu compañero/a, escribe una lista de preguntas para hacerle una entrevista al/a la reportero/a. En tu entrevista debes preguntar detalles sobre la noticia pero también opiniones personales sobre el tema de la noticia. La entrevista debe tener un mínimo de seis preguntas diferentes.

Paso 3: Entrevista a tu compañero/a usando las preguntas que preparaste en el **Paso 2.**

 Paso 4: En grupos, resuman la entrevista que tuvieron. ¿Qué noticia y qué reportero/a pueden en realidad alcanzar la fama? ¿Por qué?

LAS COSAS DEL DECIR

El lenguaje "políticamente correcto" es un fenómeno de los últimos años y es especialmente relevante en el mundo periodístico. El eufemismo es una palabra o expresión políticamente aceptable o menos ofensiva que se usa para no ofender. Algunos ejemplos son:

adulto mayor : anciano

intervención militar: guerra

establecimiento penitenciario: cárcel

¡A dialogar!

Paso 1: ¿Qué eufemismos conocen en su lengua materna?

Paso 2: Conecta los eufemismos (columna A) con sus definiciones más populares (columna B)

Columna A	Columna B
no vidente	criada
métodos de persuasión	asilo
interno	morir
compañera sentimental	preso
residencia para la tercera edad	víctimas civiles
daños colaterales	ciego
pasar a mejor vida	tortura
empleada doméstica	novia

PREPARÉMONOS

 5–14 La red como medio de comunicación. El uso de las nuevas tecnologías ha cambiado la forma en que la información se produce y se difunde. Hoy en día la red no solo nos permite acceder a información en cualquier momento, sino también nos anima a ofrecer opiniones en el momento en que la noticia se produce. ¿Qué ventajas y desventajas ofrece la red en el mundo de las noticias? En parejas, conversen sobre el tema usando las siguientes preguntas como guía.

1. ¿Qué formas en la red se usan para informar sobre las noticias del día? Por ejemplo, los periódicos en línea.

2. ¿Por qué las personas prefieren la red a otros medios de comunicación (p. ej., los periódicos) para acceder a la información? ¿Cuáles son algunas de las desventajas de la red como medio de comunicación?

3. ¿Crees que en el futuro no existirán los periódicos de papel y simplemente usaremos la red para leer las noticias del día? ¿Desaparecerán los periodistas ya que todos contribuiremos a informar al mundo de lo que ocurre a nuestro alrededor a través de la red? ¿Serán las redes sociales el lugar para mantenernos informados? ¿Desaparecerán los noticieros?

INFÓRMATE

Hoy en día la información no solamente la ofrecen los periodistas y reporteros sino que también todo el mundo puede compartir noticias y ofrecer opiniones. De esta forma, los medios de comunicación son bastante interactivos. El siguiente texto aparece en un blog de noticias y también incluye comentarios ofrecidos por sus lectores.

 5–15 Antes de leer. En parejas, contesten las siguientes preguntas.

1. ¿Cómo funcionan los blogs en la red? ¿Por qué son los blogs tan populares? ¿Participan en blogs regularmente? ¿Por qué?

2. En la prensa, ¿la libertad de expresión es algo indispensable o es necesario tener un nivel limitado de censura? ¿Por qué?

Los blogs, buenos aliados de la lucha en contra de la censura de prensa

Lunes 23 de junio de 2008

"Alguien de la oficina salió y volvió corriendo cuando empezaron los **disparos**. Dijo que habían disparado al aire y también contra la gente. Yo también escuché los disparos, pero parecía alguien **aplaudiendo**. Así que me volví a **asomar**". El relato lo hace Dawn desde su oficina en Rangún, en la ex Birmania.

Dawn no es periodista y ese tampoco es su nombre, sino la identificación que usa en su blog. Al igual que ella, miles de personas usan esta **herramienta** que proporciona Internet para contar lo que está sucediendo a su alrededor, y sus testimonios cobran mayor fuerza cuando provienen de países donde la libertad de prensa es escasa.

Detalles de la represión contra las manifestaciones de los monjes budistas en el Tíbet, tras la cual las autoridades chinas establecieron un **cerco** informativo y expulsaron a los corresponsales extranjeros del área, solo fue posible conocerlos gracias a los/las internautas que por medio de sus blogs **burlaron** la censura.

En Malasia, donde la censura del gobierno suele ser más flexible, el ex Primer Ministro Mahathir Mohamad recibió un millón de visitas en su blog durante el primer mes de funcionamiento.

Y así suman y siguen. En China, Siria, Cuba, Pakistán y otros países los blogs van en aumento y, a juicio de los expertos, se han convertido en un muy buen aliado de la libertad de expresión en todo el mundo.

También lo destacó así la Asociación Mundial de Periódicos (WAN, en inglés) en su último informe sobre libertad de prensa dado a conocer este mes. "Los autores de blog se han vuelto el **faro** para los que buscan noticias fuera de la corriente principal", indicó la entidad.

"Los blogs son una ventana más hacia la libertad. Son una magnífica herramienta para el intercambio de información y para que la libertad de expresión se pueda manifestar en todas partes.", indica Mercedes Arancibia, miembro de la junta directiva de Reporteros sin Frontera (RSF), España.

Los blogs están permitiendo no sólo informar sino también organizar. "Al ser interactivos, facilitan que personas con intereses comunes se contacten y se organicen". Ocurrió con el recorrido de la Antorcha Olímpica: "la gente se organizó y salió a protestar", indica el consultor político mexicano Gilberto Pérez Castillo.

COSTOS Y BENEFICIOS

Entre las ventajas de esta herramienta, Pérez destaca su accesibilidad. "Cualquier persona con mínimos conocimientos de computación o de Internet puede crear un blog, no necesita invertir en infraestructura y está disponible las 24 horas. Contribuye a la libertad de prensa y democratiza el uso de los medios de comunicación", señala.

Pero expresarse en la red también tiene su costo. En la actualidad hay 64 personas detenidas, 50 de ellas en China, y cerca de 2.600 páginas web, foros y blogs han sido cerrados, de acuerdo a las cifras de RSF.

Ocho internautas están presos en Vietnam y, en Egipto, el estudiante de derecho Kareem Amer fue condenado en febrero de 2007 a cuatro años de cárcel por criticar en su blog al Jefe del Estado e "incitar al odio contra el Islam".

¿SON CONFIABLES LOS BLOGS?

Las versiones electrónicas de los diarios tradicionales están empleando cada vez más este tipo de páginas.

Conocidos periodistas y escritores, artistas y deportistas han agregado blogs a sus columnas o las han convertido en un blog.

Ante el explosivo aumento de los blogs, en Europa surgió una propuesta para su regulación jurídica, la que será debatida en el Parlamento Europeo en septiembre. "Los blogs personales no deben tener limitaciones. En el caso de los diarios, estos deben poner sus propios estándares, porque hay que recordar que para ellos la credibilidad es lo más importante, mientras que muchos blogueros independientes no viven de la credibilidad, sino de la espectacularidad de sus opiniones", señala Gonzalo Marroquín de la SIP (Sociedad Interamericana de la Prensa).

Para Gilberto Pérez, es el propio público quien ejerce la regularización. "La gente no es fácil de **engañar**. Tanto en lo comercial como en lo político cuando se han hecho blogs con la intención de manipular, la comunidad se da cuenta rápido y hace que fracasen", asegura.

ALGUNOS COMENTARIOS:

—Los blogs son no solo un muy buen aliado contra la censura a la prensa, sino que además son un muy buen complemento de esta al entregar informaciones que por diversas razones no son cubiertas por diarios o revistas.

—Internet de por sí, en uso libre, democratiza. Y un blog es una excelente **herramienta** para ejercer la libre expresión. En mi caso además, un **hobbie**. ¡Saludos!

—Algunas veces... algunos periodistas deberían ser censurados... debido a tanta desinformación que publican...

¿QUÉ QUIERE DECIR...?

- **aplaudiendo** (*verbo* [**aplaudir**]): golpear repetidamente las palmas de las manos para indicar aprobación o entusiasmo.

  Ejemplo: Creo que mi presentación fue muy buena porque muchos **aplaudieron** con entusiasmo.

- **asomar** (*verbo*): empezar a ser visto lentamente por una ventana o una puerta.

  Ejemplo: Como no tengo llaves de casa, cuando llegue, te llamo y te **asomas** por la ventana para darme las llaves.

- **burlaron** (*verbo* [**burlar**]): escapar, evitar.

  Ejemplo: Los ladrones **burlaron** todas las alarmas y entraron al banco sin ser vistos.

- **cerco** (*sustantivo, m.*): espacio cerrado donde no se permite el acceso ni la salida a nadie.

  Ejemplo: La policía hizo un **cerco** alrededor de la casa para que los ladrones no pudieran escaparse.

- **disparos** (*sustantivo, m., pl.*): lanzamiento que produce un arma de fuego.

  Ejemplo: Oí los **disparos** y me asusté.

- **engañar** (*verbo*): confundir, falsear.

  Ejemplo: Compré unas manzanas orgánicas en el mercado pero me **engañaron** porque estas manzanas no son orgánicas.

- **faro** (*sustantivo, m.*): foco o luz que guía, ofrece dirección especialmente a los barcos.

  Ejemplo: Los **faros** por la noche son útiles para los barcos pero también son muy bonitos en la distancia.

- **herramienta** (*sustantivo, f.*): objeto que sirve para realizar un trabajo.

  Ejemplo: La **herramienta** principal de un carpintero es un martillo.

- **hobbie** (*sustantivo, m.*): palabra inglesa aceptada en el español aunque se debe escribir "hobby". Se prefiere otro término como "afición" o "pasatiempo".

Añade otras palabras nuevas que has aprendido del texto.

_____

_____

_____

5–16 Trabajemos con el texto.

1. ¿Por qué los blogs han sido importantes en lugares como Birmania, China o Malasia?

2. ¿Qué ventajas tienen los blogs que no tienen los periódicos?

   a. _____

   b. _____

   c. _____

3. Algunos dicen que los blogs no son creíbles y que solo buscan la espectacularidad. ¿Estás de acuerdo? ¿Qué quiere decir que "la gente no es difícil de engañar"?

4. ¿Qué actitudes diferentes se reflejan en los comentarios al artículo? ¿Por qué piensas que la gente participa en blogs?

Amigos sin fronteras

Contacta a tus amigos/as hispanos/as y pregúntales qué noticia actual ocurre en su país y qué piensa la gente sobre esta noticia. En clase, comparte la infromacion que recibas.

INVESTIGA

Los blogs: Noticias y opiniones

Muchos periódicos y periodistas en la red han agregado blogs a sus columnas para poder comunicarse con sus lectores y ofrecer un medio interactivo de comentar y compartir noticias. Lee dos noticias diferentes (una internacional y otra nacional de un país hispanohablante) en un periódico hispano en la red y sus blogs correspondientes. Resume la noticia y los comentarios que se ofrecen.

EXPRESÉMONOS

5–17 La tertulia. En los países hispanos es común reunirse con los amigos para tomar café y charlar. Con frecuencia en estas "tertulias" se habla de los temas de actualidad. En grupos de tres, informalmente hablen sobre las noticias que investigaron en **Investiga: Los blogs: Noticias y opiniones.** Cada persona resume la noticia <u>internacional</u> que investigó, ofrece su opinión al respecto y establece una conversación con sus compañeros/as para compartir opiniones.

Modelo: **E1:** *He leído que el origen y el éxito de las revueltas recientes en países árabes son consecuencia del gran impacto de las nuevas tecnologías como Internet y Facebook.*

E2: *¿De verdad? Pero eso parece una justificación muy simple, ¿no? Mi opinión es que Facebook o Internet son irrelevantes. En estas revueltas hay personas mayores y jóvenes y no todas usan Internet y además…*

E2: *Pues yo no estoy de acuerdo porque…*

TO POST...
OR **NOT** TO POST.
THAT IS THE QUESTION.

BLOGGER'S DILEMMA

5-18 La noticia nacional. Las noticias nacionales ofrecen una perspectiva curiosa y relevante de la cultura del país.

Paso 1: Busca a una persona que investigó una noticia de un país hispano <u>diferente</u> al tuyo en **Investiga: Los blogs: Noticias y opiniones** y narren sus <u>noticias nacionales</u> en detalle. ¿Cuál de las dos noticias les parece más relevante y por qué? Expresen su opinión en clase.

Paso 2: Busca a una persona que investigó una noticia nacional <u>del mismo</u> país que tú. Narren sus noticias en detalle. ¿Qué información nueva aprendieron sobre ese país a través de su noticia? Presenten esa información en clase.

Paso 3: En clase, escojan una noticia interesante y, en grupos, cada persona ofrece su opinión personal como si fuera un blog. Al terminar, cambien de grupo y repitan la actividad.

Compartan sus opiniones en clase. ¿Hay opiniones muy diversas? ¿Cambiaron sus opiniones al escuchar las opiniones de sus compañeros/as? ¿Por qué?

¿Son los blogs otra forma de esclavizarnos a la computadora y nunca más hablar con los/las amigos/as? ¿Nos escondemos detrás de los blogs?

5-19 ¿Y los lectores? La información que comparten los blogueros en los periódicos en la red son generalmente opiniones personales. Estas opiniones son un reflejo de lo que a la sociedad le preocupa a nivel nacional e internacional.

Paso 1: En grupos, brevemente mencionen los puntos principales de las noticias que investigaron en **Investiga: Los blogs: Noticias y opiniones** y compartan con sus compañeros/as algunas de las opiniones que los blogueros ofrecieron a las noticias.

Modelo: *Una de mis noticias habla sobre la subida de impuestos sobre el tabaco y en los blogs la mayoría de las personas están de acuerdo con esta subida porque…*
Sin embargo, hay uno o dos blogueros que atacan al gobierno por esta subida porque…

Paso 2: En su grupo, expresen su opinión sobre las opiniones de los blogueros en sus noticias. ¿Qué les sorprendió y por qué?

Modelo: **E1:** *Me parece muy interesante que las opiniones de los lectores sean tan positivas sobre esta nueva ley del tabaco. Pensaba que a la gente no le gustaban los impuestos y me sorprendió que tantas personas estuvieran a favor. Claro que… y por eso…*

E2: *En mi caso no me sorprendieron las opiniones de los lectores en la noticia de pero creo que … Por lo general, los lectores fueron…*

E3: *Sí, pienso lo mismo. Los lectores en mi noticia… y me extrañó que…*

Paso 3: Ahora que han investigado noticias y las opiniones de sus lectores a través de los blogs, ¿qué opinión tienen de los blogs en los periódicos? ¿Son los blogs creíbles? ¿Qué buscan los blogueros en estos blogs?

PUNTO Y FINAL

En grupos de tres, piensen en diferentes noticias que hayan ocurrido en los últimos días a nivel local, nacional o internacional. Para cada noticia, piensen en un titular. Cada persona en el grupo escoge un titular y narra en detalle la noticia. Los/Las compañeros/as deben hacerle preguntas de opinión al respecto. ¡Recuerda que las opiniones deben ser objetivas y fundamentadas con datos u observaciones!

Encuentros diarios
La disculpa

 La disculpa en la conversación generalmente aparece cuando de forma voluntaria o involuntaria se ha producido una ofensa contra alguien. En español existen varias expresiones de disculpa dependiendo de la gravedad de la ofensa y la relación personal entre los hablantes.

Al hacer algo accidentalmente sin causar grandes daños

- Perdón/Perdone/Perdóname/Perdóneme
- Lo siento, fue sin querer.
- Discúlpeme; no quise hacerlo.
- ¡Uy, perdona! ¡Qué tonto/a!

Al hacer algo accidentalmente causando daños

- Cuánto lo siento.
- Lo siento/lamento muchísimo.
- Le pido mil disculpas. Ha sido mi culpa.
- No sabes cuánto lo lamento/cuánto lo siento.
- Por favor, discúlpeme. No sabía lo que hacía.
- Quiero disculparme por...
- Necesito pedirte/le perdón por...

Además de una expresión de disculpa es común aceptar responsabilidad por lo ocurrido, admitir culpabilidad si es necesario, justificar el comportamiento, ofrecer reparar el daño cometido e incluso prometer que lo sucedido no volverá a pasar. Es decir, un simple "perdón" a veces es insuficiente, especialmente cuando la ofensa ha causado daños importantes.

Ayer mientras estudiaba, derramé la taza de café y manché todos los apuntes que me dejaste. Lo siento mucho. Sé que fue mi culpa. Soy muy torpe. Sin querer fui a coger un libro que tenía detrás de la computadora y le di con el codo a la taza de café. Pero no te preocupes, voy a copiar todos tus apuntes otra vez y te los devuelvo en una copia nueva mañana. Te prometo que esto no va a volver a ocurrir. ¡De ahora en adelante voy a beber solo agua!

Existen también ciertas diferencias entre las variedades del español. Por ejemplo, para los panameños y los mexicanos admitir responsabilidad por la ofensa es más importante que para los cubanos y los paraguayos. También existen diferencias entre el inglés y el español. Por ejemplo, los angloparlantes prefieren ofrecer reparar el daño causado con más frecuencia que los hispanohablantes. Además, en español se prefiere expresar amabilidad y solidaridad mientras que en inglés se favorece el respeto y la deferencia en la disculpa.

Examina cómo Clara se disculpa ante su profesora por no haberse presentado a un examen.

Clara: Buenos días. Lo siento muchísimo pero quería disculparme por no haber hecho el examen.

Profesora: Sí, era a las nueve. Me preguntaba por qué no habías venido. Miré mi correo electrónico a ver si me habías enviado algo, pero no vi nada. Me sorprendió un poco.

Clara: Sí, es que salí de casa a las nueve menos veinte, fui a arrancar el coche y no me funcionaba. Lo intenté varias veces pero no podía.

Profesora: Entiendo que estas cosas pasan pero son las cinco de la tarde y esto te pasó a las 9 de la mañana.

Clara: Sí, lo entiendo. Me pasé 10 minutos intentando arrancar el coche y como no funcionaba intenté llegar andando pero era ya demasiado tarde. Entonces volví a casa, llamé a un amigo, fuimos a un garaje a ver si me arreglaban el coche, estuvimos allí tres horas esperando y nada. He vuelto a casa y por eso es tan tarde. ¿Podría hacer el examen?

Profesora: Bueno, vale. Pásate mañana a las 10 de la mañana por mi oficina para hacer el examen.

Clara: Muchas gracias. Nos vemos mañana.

Tu turno

1 Estudiante A

Tu mejor amigo/a te ha prestado su coche para hacer unas compras. Has tenido un pequeño accidente. Nadie ha salido lastimado excepto el coche que ahora no funciona. Llama a tu amigo/a y explícale lo sucedido.

2 Estudiante A

Eres director/a de un centro social de ayuda a la comunidad hispana. Hay una familia que va a mudarse a la ciudad y necesita ayuda para alquilar un apartamento. Le pediste al/a la voluntario/a que trabaja en el centro que se reuniera con esta familia para ayudarlos. Pero la familia te dice que esta persona nunca se presentó a la reunión que tenían programada. Llamas al/a la voluntario/a a tu oficina y le preguntas por qué no se presentó a la reunión y por qué no llamó para decir que no venía. La familia necesita alquilar un apartamento hoy mismo.

Estudiante B

Le has prestado tu coche nuevo a tu mejor amigo/a para que hiciera unas compras. Tu amigo/a ha tenido un accidente y te llama para contarte lo ocurrido. Necesitas el coche esta tarde porque tienes una entrevista de trabajo en otra ciudad.

Estudiante B

Trabajas como voluntario/a en un centro social de ayuda a la comunidad hispana. El/La director/a del centro te pidió que te reunieras con una familia que necesitaba ayuda para encontrar un apartamento en la ciudad. No te presentaste a la reunión por un problema que tuviste en casa. Hoy llegas al centro y el/la director/a te llama a su oficina para saber qué pasó. Ofrece una solución al problema.

🔊 Vocabulario

El periodismo

El mundo editorial

el chisme	*gossip*
la crónica de sucesos	*accident and crime report*
el diario/periódico	*newspaper*
la fuente	*source*
el informe	*report*
los medios de comunicación	*media*
la noticia	*news item*
la polémica	*controversy*
la prensa	*press*
la prensa rosa/del corazón	*entertainment media, celebrity news*
la prensa sensacionalista	*tabloid press*
la publicidad	*advertising*
el resumen	*summary*
la revista	*magazine*
el semanario	*weekly magazine or newspaper*
el suceso	*event*
las tiras cómicas (pl.)	*comics*

La programación

el boletín informativo	*news bulletin*
la cadena/el canal	*TV channel*
el documental	*documentary*
los dibujos animados	*cartoons*
la emisora	*radio station*
el guion	*script*
el mundo del espectáculo	*show business*
el noticiero/telediario/noticiario	*(the) news*
la serie televisiva	*TV series*
el/la telespectador/a	*TV viewer*
la telenovela	*soap opera*
la telerrealidad	*reality TV*

Profesionales de la prensa

el/la cámara	*camera man/woman*
el/la entrevistador/a	*interviewer*
el equipo de redacción	*editorial staff*
el/la fotógrafo/a	*photographer*
el/la periodista	*journalist*
el/la presentador/a	*TV host*
el/la productor/a	*producer*
el/la redactor/a	*editor*
el/la redactor jefe/a	*Editor in chief*
el/la reportero/a	*reporter*

Dar noticias

analizar	*to analyze*
argumentar	*to argue*
difundir	*to disseminate*
informar	*to inform*
narrar/contar/relatar	*to tell (used for an event or a story)*
resumir	*to summarize*

CAPÍTULO 6

La otra cara de la salud

La argumentación

Comerse la uñas puede ser un signo de nerviosismo, timidez, estrés, inseguridad o falta de autoestima.

Objetivos de comunicación

Regularmente ofrecemos opiniones personales con la intención de convencer al oyente de nuestro punto de vista. En la argumentación es importante conocer bien los argumentos a favor y en contra. En este capítulo aprenderemos a argumentar nuestras posiciones de forma efectiva usando el tema de los comportamientos adictivos que afectan nuestra salud y la medicina alternativa.

Infórmate

Videojuegos, ¿adicción o afición?

Dormir a ciencia cierta

Investiga

Las adicciones

La medicina alternativa

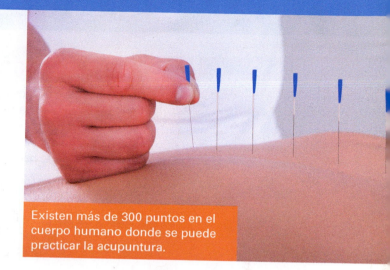

Existen más de 300 puntos en el cuerpo humano donde se puede practicar la acupuntura.

¿Qué cosas pueden dañar la salud?

¿Qué es o no es una adicción?

¿Es una adicción una condición genética?

¿Afectan a la salud los comportamientos compulsivos, como "comerse las uñas"?

¿Crees en la medicina alternativa, como la hipnosis, por ejemplo?

CONVERSEMOS

PUNTO DE PARTIDA

En grupos de tres, dos personas argumentan a favor y en contra de uno de los siguientes temas durante dos minutos. Cada persona debe tomar una posición diferente. Al final, la tercera persona en el grupo debe decidir qué posición fue más convincente y por qué. Túrnense una vez para discutir otro tema.

Temas:

¿Qué es mejor para la salud: la hamburguesa o la pizza?

¿Dónde se recibe una mejor educación: en una universidad pequeña o en una grande?

¿Qué sustancia es más peligrosa: el tabaco o el alcohol?

El arte de argumentar

Hay diferencias entre explicar o informar y convencer o persuadir:

Al explicar o informar presentamos datos sobre algo de forma objetiva; el propósito es descriptivo e informativo.

Al convencer o persuadir presentamos información desde un punto de vista personal ofreciendo opiniones justificadas con pruebas. Esta información se presenta en forma de argumentos: razones en las que basamos nuestra postura o punto de vista.

¡Ojo! Argumentar no significa conversar de forma hostil o con sarcasmo sino conversar ofreciendo opiniones justificadas.

¡Vamos a practicar!

6–1 **Descripción o persuasión.** Determina si las siguientes oraciones representan descripciones objetivas u opiniones persuasivas y decide por qué.

1. La marihuana es una droga perjudicial para la salud.
2. Sin duda la causa de la anorexia se encuentra simplemente en la presión social entre los jóvenes.
3. Yo diría que un adulto es responsable de sus propias acciones y por lo tanto, puede decidir si toma drogas o no.
4. El gobierno defiende la salud pública y por eso ayuda a luchar contra la drogodependencia.
5. Hay muchos problemas con los jóvenes y las drogas de diseño.
6. Pienso que la marihuana debería ser legal porque tiene beneficios medicinales.

6–2 **A favor o en contra.** Para argumentar es necesario identificar los puntos a favor y en contra de la postura o actitud a defender. En parejas seleccionen <u>dos</u> temas y hagan una lista de sus puntos a favor y sus puntos en contra. Pueden añadir un tema de su elección a la lista.

Temas:

- El alcohol debería ser permitido en las residencias estudiantiles.
- No deberían existir exámenes en la universidad.
- Adoptar a un niño debería ser gratuito.
- El suicidio asistido debería ser legal.
- La educación en casa es mejor que la educación en la escuela.

Tema 1: _Adoptar a su niño ser gratuito_

A favor	En contra
• necesita pagar para el niño para toda su vida	• deboi pagar para los servicios
• no precio de vida	• la mamá necesita dinero también
•	•

Tema 2: _____

A favor	En contra
• comfortable a su casa puede aprender más	• no conversa con otros estudiantes que pueden ayudar
• menos recursos como gas	• hay menos ayuda de profesores
• más responsibilidad para su educaccion ——→	

Tipos de argumentos

Existen diferentes argumentos que ayudan a defender mejor nuestra postura ante un tema.

- Racionales: se basan en ideas y verdades aceptadas por la sociedad.

  Ejemplo: *El humo de un cigarrillo es malo para el fumador y para la persona cerca del fumador.*

- De hecho: se basan en observaciones y/o estadísticas aceptadas científicamente.

  Ejemplo: *El número de jóvenes estadounidenses que fuman ha disminuido en la última década, pero aun así, los adolescentes fuman más que los adultos.*

- De ejemplificación: se basan en ejemplos concretos.

  Ejemplo: *Los cigarrillos "light" son igualmente dañinos porque generalmente sus fumadores fuman más cantidades.*

- De autoridad: se basan en la opinión de una persona reconocida.

  Ejemplo: *Un grupo de doctores estadounidenses afirma que las consecuencias del tabaco en personas con discapacidades cognitivas y fisiológicas son especialmente severas.*

¡Vamos a practicar!

6–3 Argumentos variados. Usando los temas y los argumentos elaborados en la actividad **6-2,** en parejas, clasifiquen los argumentos según sus tipos y añadan dos argumentos más de tipo diferente para cada tema. Presenten la información en clase. ¿Cuál es el tipo de argumento más popular? ¿Qué tipo de argumento es el más difícil de elaborar y por qué?

6–4 Una persuasión coherente. Un discurso persuasivo incluye argumentos concretos pero elaborados en forma de párrafo.

Paso 1: Escoge una opinión de la lista y piensa en diferentes argumentos.

Ideas:

- El estudio de un idioma extranjero debería ser obligatorio para todos los alumnos universitarios.
- La obesidad es el resultado de comer excesivamente, no es una enfermedad.
- Las escuelas son responsables de que muchos chicos adolescentes no terminen sus estudios secundarios.

Paso 2: Con un compañero/a presenta tu argumentación durante dos minutos completos. No olvides presentar una introducción y una conclusión. Usa palabras conectoras para añadir cohesión a tus ideas. Tu compañero/a debe anotar los argumentos que escucha.

Paso 3: Compara los argumentos que anotó tu compañero/a con tus argumentos en Paso 1. ¿Supo tu compañero/a descubrir todos los argumentos que tenías en mente?

Cómo debatir opiniones personales

Cómo expresar acuerdo

Claro que sí.
Es verdad/cierto.
Estoy de acuerdo.
Obviamente.
Sin ninguna duda.
Tienes razón.
Totalmente de acuerdo.

Of course.
It is true, it is a fact.
I agree.
Obviously.
Without a doubt.
You are right.
Totally in agreement.

Cómo expresar desacuerdo

Al contrario, yo creo que...
Bueno, no creo que sea así.
Creo que te equivocas.
De hecho, yo diría que...
No estoy seguro de que tengas razón.
Por otro lado...
Sí, pero...
Sin embargo,...
Yo no estoy totalmente de acuerdo.

On the contrary, I think that...
Well, I don't think this is it.
I think you are mistaken.
In fact, I would say that...
I am not certain you are right.
On the other hand...
Yes, but...
Nevertheless...
I do not totally agree.

Expresiones coloquiales/informales de desacuerdo

Claro que no.	*Of course not.*
Esto es absurdo.	*This is absurd.*
De ninguna manera.	*No way.*
¡Pero qué dices!	*What are you talking about!*
¡Qué va!	*Nonsense!*
¡Tonterías!	*Nonsense/Let's be serious*

Nota: Muchas de estas expresiones pueden usarse como palabras introductorias a una opinión. Algunas expresiones necesitan el subjuntivo y otras el indicativo. Recuerda que, con expresiones que reflejan certeza, se usa el indicativo.

Ejemplo: *Tienes razón en que el tabaco es igual de peligroso que el alcohol.*

¡Vamos a practicar!

6–5 **Debates absurdos.** En parejas, tomen posturas diferentes sobre los temas que reciban y traten de convencer a su compañero/a de que su elección es mejor. Usen el vocabulario apropiado para mostrar acuerdo y desacuerdo. En cada tema, se debate la idea de qué producto es mejor. Tienen dos minutos para convencer a su compañero/a.

Modelo: Coca-Cola o Pepsi

  E1: *Obviamente la Coca-Cola es mucho mejor porque fue la que salió primero al mercado y...*

  E2: *Estás totalmente equivocado. La Pepsi es mejor porque... Además simplemente porque la Coca-Cola apareció antes, eso no puede servir para decidir si es mejor o no.*

  E1: *Bueno, en parte tienes razón, pero no estoy nada de acuerdo con que la Pepsi es mejor porque... Está claro que la Coca-Cola tiene mucho más prestigio porque...*

Amigos sin fronteras

Contacta a tus amigos/as hispanos/as y pregúntales qué problemas de salud son los que preocupan más en su país y por qué. ¿Qué posibles soluciones cree tu amigo/a que tienen los problemas de salud en su país? En clase, comparte la información que recibas.

Términos técnicos

el centro de desintoxicación	*rehabilitation center*
la conducta/el comportamiento	*behavior*
consumir drogas	*to take drugs*
dañar	*to damage*
dañino	*harmful*
daño	*damage*
deprimirse	*to get depressed*
depresión	*depresssion*
los desórdenes psicológicos	*psychological disorders*
las drogas adulteradas	*adulterated drugs*
la droga de diseño (*p. ej., éxtasis*)	*designer drugs*
drogado/a	*drugged, doped*
la drogodependencia	*drug dependency*
emborracharse	*to get drunk*
intoxicarse / desintoxicarse	*to intoxicate/detoxicate oneself*
la obsesión	*obsession*
perjudicar	*to harm*
perjudicial	*harmful*
prevenir	*to prevent*
la prevención	*prevention*
la salud	*health*
saludable	*healthy*
el síntoma	*symptom*
la sobredosis	*overdose*
el tratamiento	*treatment*

Términos coloquiales

la borrachera	*drunkenness*
la calada	*a puff of a cigarette*
el camello	*drug dealer*
engancharse / desengancharse	*to be hooked /to hook oneself*
el mono	*having a withdrawal*
pincharse	*to inject drugs on oneself*
el pitillo	*cigarette*
el vicio	*vice, addiction*

¡Vamos a practicar!

6–6 La palabra misteriosa.

Paso 1: En parejas, escojan una palabra de la lista del vocabulario del tema y ofrezcan una definición en forma de opinión sin usar la palabra clave.

Modelo: Palabra clave: <u>centro de desintoxicación</u>

Está claro que este lugar es necesario para ayudar a los drogadictos.

1. Palabra clave: _____
   _____

2. Palabra clave: _____
   _____

3. Palabra clave: _____
   _____

Paso 2: Ahora en grupos de cuatro, compartan las opiniones anteriores y adivinen la palabra misteriosa de sus compañeros/as.

6–7 La contraseña. La clase se divide en grupos. Una persona de cada grupo va a recibir una palabra de la lista del vocabulario del tema y debe ofrecer una pista de una sola palabra a su grupo quien debe adivinar la palabra secreta. Si el grupo no la adivina correctamente, la persona del otro grupo ofrece otra pista de una sola palabra a su grupo para que adivine la palabra secreta. El grupo que antes adivine la palabra secreta gana.

Modelo: Palabra secreta: síntoma

E1: *enfermedad*   **E3:** *dolor de cabeza*

E2: *daño*   **E4:** *tos*

                             Grupo dice: síntoma

A Z **Buscapalabras.** Una forma de enriquecer tu vocabulario es buscar sinónimos y antónimos de las palabras que comúnmente usas. Los **sinónimos** son palabras diferentes que tienen un significado similar o idéntico. Los **antónimos** son palabras que tienen significado contrario. Sin embargo, los sinónimos y los antónimos no son siempre palabras intercambiables. Con frecuencia los diferentes sinónimos de una palabra se usan en contextos diferentes. Por eso, es importante comprobar el uso de la palabra en un diccionario monolingüe.

Ejemplo:

abuso

Sinónimos: exageración, injusticia, exceso, ilegalidad

Antónimos: moderación

El abuso/exceso del alcohol puede tener consecuencias mortales.

Es un abuso/exageración/injusticia que debamos pagar por las llamadas que recibimos en el móvil.

Busca sinónimos y antónimos para las siguientes palabras y completa las oraciones con el sinónimo o antónimo apropiado.

1. estigma   Es una _____ tu falta de respeto por tus padres.

2. recaída   Manejar sin licencia fue una _____.

3. apoyo   Tengo miedo y por eso, necesito la _____ de la policía.

4. asesorar   Necesitas _____ a la profesora cuándo tenemos el examen.

5. deterioro   De camino a casa tuve una _____ con el coche y tuve que llamar una grúa.

EXPLOREMOS

PREPARÉMONOS

6–8 **Conductas dañinas.** Nuestra forma de vivir determina en parte nuestra salud.

Paso 1: En clase, piensen en comportamientos humanos que deterioran la salud cuando se convierten en adicciones dañinas. Hagan una lista de las adicciones más comunes hoy en día.

Ejemplo: *el alcoholismo.*

Paso 2: En grupos de cuatro escojan <u>uno</u> de estos comportamientos y escriban una definición:

_____

_____

_____

Paso 3: Conversen sobre el tema del **Paso 2.** Usen las siguientes preguntas como guía:

1. ¿Cuáles son los síntomas de la adicción del **Paso 2**?
2. ¿Cómo es posible eliminar este comportamiento?
3. ¿Piensan que algunos comportamientos dañinos son más peligrosos que otros? ¿Por qué?

Compartan la información en clase.

El abuso del alcohol es uno de los temas preferidos en el humor. ¿Piensas que el trato humorístico del alcohol minimiza el problema de la adicción? ¿Por qué crees que está aceptado socialmente hacer chistes sobre emborracharse?

> "NO BEBAS MÁS QUE TE ESTÁS VOLVIENDO BORROSO."

INFÓRMATE

Formas de entretenimiento como la televisión e Internet pueden a veces causar comportamientos adictivos, aunque no todos comparten la misma opinión.

6–9 **Antes de leer.** En parejas, contesten las siguientes preguntas.

1. ¿Qué aficiones tienen? ¿Con qué frecuencia las practican?
2. Según su opinión, ¿cuándo una afición se convierte en una adicción?
3. Teniendo en cuenta que la palabra "patología" y sus derivados significan "enfermedad", conecten las siguientes palabras con su definición.

   a. ciberpatología   adicción al juego

   b. ludopatía   enfermedad mental

   c. psicopatía   adicción a la informática

Videojuegos, ¿adicción o afición?

Quién le iba a decir a Nolan Bushell cuando diseñó allá por el año 1971 el primer juego electrónico con un éxito sin igual, el Pong, que veinte o treinta años después, tacharían a los videojuegos de fomentar la violencia, el carácter huraño, la falta de autoestima, la depresión, otorgándole el tratamiento de ciberpatología de la nueva sociedad de la información.

PERO, ¿CUÁL ES LA VERDAD SOBRE ESTA "ADICCIÓN" A LOS VIDEOJUEGOS?

Pues depende a quién le preguntemos. Si preguntamos a un psicólogo especialista, lo más lógico es que nos conteste que los videojuegos son un peligro para la sociedad que puede derivar en una posterior ludopatía, asegurando que quienes de jóvenes pasan horas y horas delante de sus ordenadores o consolas, de mayores, lo harán delante de las máquinas tragaperras. Si todavía no hubiésemos quedado convencidos con la contestación del psicólogo, este nos alertaría además, de que muchos de los comportamientos agresivos y descontrolados que se dan entre los jóvenes, son provocados por los videojuegos. Y que en algunos casos, estos jóvenes pueden llegar a convertirse en auténticos psicópatas.

Esto enlaza perfectamente con la imagen que nos ofrecen los medios de comunicación de masas. ¿Cómo nos presentan a los jugadores? Son difíciles de olvidar aquellas imágenes en televisión en las que se presentaba al joven que asesinó a sus padres con una katana porque pensaba que se trataba del héroe de Final Fantasy VII. O también aquellas otras de los chicos norteamericanos que realizaron una horrible matanza en Colorado, asegurando y recalcando, como en el caso de la katana, que ambos, Eric Harris y Dylan Klebold, eran fervientes seguidores del archiconocido juego Doom. Está claro que sucesos como estos, de los que los medios se han encargado de difundir, a su manera, eso sí, han ensuciado la imagen de los videojuegos y de sus aficionados, provocando un rechazo social de facto ante cualquier asunto relacionado con este tema.

LOS EFECTOS POSITIVOS DE LOS VIDEOJUEGOS

Por otro lado, nos encontramos aquellas personas que creemos en el videojuego como afición y no como un peligro público. Le pese a quien le pese, existen muchas personas que defienden los efectos positivos que producen los videojuegos. Una de esas iniciativas la conformó el proyecto *Games To Teach* del MIT (*Massachusetts Institute of Technology*), patrocinado por el gigante Microsoft. Este programa, *De los juegos a la enseñanza*, investigaba la forma de incorporar la tecnología de los juegos a la educación, al colegio.

Durante este estudio, se llegó a la conclusión de que algunos juegos agudizan el pensamiento crítico, mejoran las habilidades sociales y aumentan la capacidad empática de los jugadores (a través de la elección del sexo opuesto como género del personaje, por ejemplo).

Pero esto no acaba aquí. Hace pocos meses la revista *Nature* sacaba a relucir un estudio que impactó con un gesto de impresión entre los detractores de los juegos y con un asentimiento de conformidad entre la comunidad de jugadores. El estudio de *Nature* revelaba que "los individuos que emplean con frecuencia los videojuegos, tienen más capacidad de concentración que el resto". Después de dedicar horas a controlar a nuestros enemigos en la pantalla y creando estrategias para lograr la victoria, "los jugadores se conforman como unos maestros procesando muchas informaciones al mismo tiempo y además son capaces de cubrir un ángulo visual mucho más amplio que los que dedican sus momentos de ocio a otras actividades".

SOBRE CIBERPATOLOGÍAS Y MIEDOS VARIOS

Llegados a este punto, la idea de que los juegos tienen el poder de arruinar la vida de una persona se torna bastante absurda. La afición a los videojuegos hay que tratarla como lo que es, un pasatiempo de ocio, y la premeditada intención de la sociedad de **tachar**la como una ciberpatología, no es sino la preocupación y el temor de que la tecnología tenga más poder que ellos; un miedo que los deja indefensos y que lleva a la rebelación, como un escudo ante lo desconocido. De modo que, simplemente habría que recordar, y hacerlo más a menudo, que **sólo se trata de un juego.**

¿QUÉ QUIERE DECIR...?

- **agudizan** (*verbo* [**agudizar**]): aumentar, intensificar.
  Ejemplo: La crisis **agudiza** el ingenio.
- **katana** (*sustantivo, m.*): espada tradicional del Japón.
- **fervientes** (*adjetivo, m. y f., pl.*): que muestra entusiasmo o admiración.
  Ejemplo: Al llegar a casa mis padres me recibieron con **fervientes** abrazos y besos.
- **huraño** (*adjetivo, m.*): una persona poco sociable, que no le gusta estar con otras personas.
  Ejemplo: Manolo es un **huraño,** nunca sale de casa y no tiene amigos.
- **tachar** (*verbo*): atribuir características negativas a algo.
  Ejemplo: Mis amigos me **tachan** de ser egoísta e injusto.
- **tragaperras** (*sustantivo, f.*): máquina automática que funciona con monedas y al azar da premios.
  Ejemplo: Me encanta ir a Las Vegas porque hay máquinas **tragaperras** por todas partes.

Añade otras palabras nuevas que has aprendido del texto.

_____

_____

_____

1. ¿Qué argumentos se presentan a favor y en contra de los videojuegos?

   A favor:

   a. _____

   b. _____

   En contra:

   a. _____

   b. _____

2. Un buen argumento debe estar fundamentado en datos observables. ¿Qué datos se ofrecen en el estudio?

   A favor: _____

   En contra: _____

3. En el texto hay términos que podrían considerarse sinónimos. Con un/a compañero/a lean el artículo otra vez y anoten otro término relacionado con cada una de las siguientes palabras.

   a. enseñanza: _____

   b. proyecto: _____

   c. afición: _____

   d. temor: _____

   e. juego: _____

4. ¿Por qué dice el texto que hay gente que piensa que la afición a los videojuegos es una ciberpatología? ¿Estás de acuerdo?

Un reto

¿Conoces videojuegos que potencien la violencia? Explica en detalle un videojuego que tenga elementos violentos. Primero, describe a sus personajes y después narra la historia y el objetivo del juego. Finalmente, usa este juego como un argumento a favor o en contra de los videojuegos. Tu compañero/a deberá decir si tu argumento es válido o no.

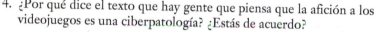

INVESTIGA

Las adicciones

Escoge una adicción de la lista y busca información para cada una de las siguientes categorías: síntomas de la adicción, sus consecuencias y su tratamiento. Piensa en un tema polémico sobre la adicción. Por ejemplo, ¿se debe prohibir el tabaco en espacios públicos al aire libre?

Adicciones: alcoholismo, tabaquismo, drogadicción, ludopatía, ciberadicción

EXPRESÉMONOS

6–11 Opiniones diversas. El tema de las adicciones da lugar a muchas ideas polémicas y controvertidas. Por ejemplo, ¿son los medios de comunicación responsables del problema de la ciberadicción hoy? Hay personas que están de acuerdo y otras que están en contra.

Paso 1: Busca a alguien en la clase que escogió la misma adicción que tú en **Investiga: Las adicciones** y compartan la información obtenida.

Paso 2: Brevemente en clase presenten la información del **Paso 1**.

Paso 3: Con tu pareja, decidan qué temas polémicos se relacionan con esta adicción. Mencionen dos.

Modelo: la ciberadicción

Los medios de comunicación son los responsables del problema de la ciberadicción hoy.

1. _____

2. _____

Paso 4: Entrevisten a dos personas para saber su <u>opinión</u> sobre los temas del **Paso 3**. Deben intentar profundizar en el tema durante la entrevista para que la persona entrevistada ofrezca su opinión de forma detallada y con varios argumentos.

Modelo:

E1: *¿Piensas que los medios de comunicación son responsables del problema de la ciberadicción?*

E2: *Creo que no tiene nada que ver. En realidad si pasas tiempo en internet, no pasas tiempo mirando la televisión.*

E1: *Sí, pero en la televisión siempre hay anuncios sobre los últimos productos con acceso a internet y la necesidad de usar internet para todo. ¿No piensas que esta imagen afecta negativamente especialmente a los jóvenes?*

E2: *Bueno, quizás en parte, pero lo cierto es que hoy en día el acceso a Internet es necesario para todo... porque...*

Paso 5: Al terminar la encuesta, recuerden las respuestas de sus compañeros. ¿Cuáles son algunas de las opiniones más interesantes o curiosas? ¿Con qué opiniones están de acuerdo y con cuáles no? Presenten la información en clase.

Una persona elocuente tiene la facultad de entretener y convencer usando el lenguaje de forma eficaz, elegante y persuasiva. ¿Es la elocuencia un don o una cualidad que se puede desarrollar?

6-12 **¡Vamos a debatir!** En un debate son igualmente importantes los argumentos que se ofrecen como la manera en que usamos el lenguaje. El uso de argumentos válidos depende a menudo de la forma en que nos expresamos.

Paso 1: En grupos, escojan un tipo de adicción que quieran debatir.

_____

Paso 2: Dentro de la adicción escogida, ¿qué tema polémico quieren debatir?

_____

Paso 3: Imaginen que este tema sale a discusión con unos amigos mientras tranquilamente conversan en un café. En grupo, piensen los puntos a favor y en contra para debatir este tema. Usen la información que recogieron en **Investiga: Las adicciones.**

A favor: **En contra:**

_____   _____

_____   _____

_____   _____

_____   _____

Paso 4: Dividan el grupo en dos grupos pequeños y cada mini-grupo toma una postura sobre el tema (a favor o en contra).

Paso 5: Teniendo en cuenta los argumentos que sus compañeros van a utilizar para defender su opinión, dentro de su mini-grupo piensen en ideas, ejemplos, opiniones y datos que pueden ofrecer para argumentar en contra de sus compañeros.

_____

_____

_____

_____

_____

_____

Paso 6: ¡A debatir! Finalmente llegó la hora de decir lo que piensan y de defender sus opiniones. Con su grupo del **Paso 1** dramaticen este debate usando las ideas desarrolladas anteriormente para defender su posición. Si es necesario, repasen el vocabulario para argumentar.

Las campañas publicitarias son un medio que muchos gobiernos usan para informar a los jóvenes sobre el peligro de las drogas. ¿Qué características debe tener una buena campaña publicitaria? ¿Piensas que estas campañas realmente hacen pensar a los jóvenes sobre las drogas y sus consecuencias?

6–13 Las drogas en las escuelas. La manera de hablar con amigos es distinta de la manera de hablar con personas desconocidas. Al argumentar también hay que tener en cuenta esta diferencia y pensar quién es nuestro público para decidir cómo vamos a expresar acuerdo o desacuerdo.

Preparación:

1. Tres estudiantes representarán a personas especializadas en el tema (p. ej.: un doctor especializado en la adicción, un exadicto a las drogas, un representante de una asociación nacional para la prevención de la drogodependencia, etc.).

2. El resto de la clase se divide en tres grupos representando a diferentes grupos sociales y académicos en una escuela secundaria: un grupo de padres, un grupo de maestros, un grupo de estudiantes.

Contexto y objetivo: La administración de la escuela está muy preocupada por el consumo y tráfico de drogas entre los adolescentes, específicamente por quiénes son los responsables del consumo y venta de drogas y cuáles son las posibles soluciones. El director de la escuela ha convocado una reunión con padres, maestros y estudiantes para debatir este tema con personas especializadas. El objetivo es determinar qué especialista ofreció los mejores argumentos para convencer al público.

Procedimiento: Cada persona especializada tendrá 10 minutos para debatir el tema con uno de los grupos. Cada especialista se turnará entre los grupos diferentes de tal manera que cada grupo podrá argumentar con todos los especialistas. ¡Ojo! Presten atención al público cuando debatan y usen el vocabulario apropiado para expresar acuerdo y desacuerdo.

Modelo:

Estudiante a doctor:	*¿Cuál es su opinión respecto a la influencia familiar en el proceso de desintoxicación?*
Estudiante a estudiante:	*¿Qué piensas de las leyes contra los que venden drogas?*
Estudiante a profesor:	*No estoy de acuerdo con su opinión sobre el consumo de drogas entre los jóvenes.*
Estudiante a estudiante:	*Te equivocas. La culpa la tienen los que tienen dinero y…*

Amigos sin fronteras

Contacta a tus amigos/as y pregúntales qué leyes existen en su país sobre el uso del alcohol y el tabaco. ¿Cuál es la opinión de tu amigo/a sobre algunos temas polémicos sobre el alcohol y el tabaco (p. ej.: la edad legal para consumir alcohol, el uso del tabaco en lugares públicos, etc.)? En clase, comparte la información que recibas.

LAS COSAS DEL DECIR

Al igual que en el lenguaje escrito, en el lenguaje oral es muy importante la conexión entre ideas. En español existen unos conectores argumentativos que introducen una idea contraria a lo dicho anteriormente: **sin embargo, no obstante, antes bien, ahora bien, en cambio.**

El uso de estos conectores ayuda a dar fuerza argumentativa a tus opiniones. Compara las siguientes oraciones:

- La adicción a la cocaína es un problema entre los ricos. Los pobres no tienen este problema.

- La adicción a la cocaína es un problema entre los ricos. **Sin embargo,** los pobres no tienen este problema.

La conjunción **y** también puede usarse para introducir argumentos contrarios. Compara las siguientes oraciones:

- No fumo **y** me gusta el olor del tabaco de pipa.

- No fumo, **no obstante** me gusta el olor de tabaco de pipa.

¡A dialogar!

Paso 1: Añade a las siguientes oraciones un argumento contrario usando una conjunción argumentativa.

     a. Fumar un cigarrillo al día no es malo para la salud...

     b. La obesidad es genética y por eso no se puede prevenir...

     c. La legalización de la marihuana ayudaría a muchas personas enfermas...

 Paso 2: Compara los argumentos contrarios de **Paso 1** con un/a compañero/a y añadan otra opinión contraria.

PROFUNDICEMOS

PREPARÉMONOS

6–14 **Obsesiones, manías y fobias.** El comportamiento obsesivo compulsivo es un trastorno de ansiedad que lo sufren aquellos que tienen un temor o una preocupación irracional y que tratan de superar mediante una actividad ritual para reducir su ansiedad.

Paso 1: ¿Cuáles son algunos comportamientos compulsivos que hacemos para combatir la ansiedad?

Ejemplo: *comerse las uñas*

Paso 2: Algunos comportamientos compulsivos pueden llegar a ser obsesivos y dañinos para la salud física y mental. ¿Qué comportamientos compulsivos crees que se asocian con estas preocupaciones?

- preocupación exagerada por la suciedad, los gérmenes o la contaminación
- preocupación por el orden, la simetría o la exactitud
- necesidad extrema de saber o recordar cosas que pueden ser muy triviales
- atención excesiva a los detalles

Paso 3: Las preocupaciones también a veces se denominan manías o fobias. Existen muchas manías diferentes. Conecta la manía con su definición.

1. _C_ Obsesión por hablar.
2. _E_ Impulso irresistible hacia la mentira y la exageración.
3. _A_ Impulso incontrolable por robar.
4. _G_ Fascinación crónica por las medicinas.
5. _D_ Fascinación excesiva por la música.
6. _B_ Obsesión anormal por uno mismo.
7. _F_ Compulsión anormal por encender fuego o provocar incendios.

a. cleptomanía
b. egomanía
c. logomanía
d. melomania
e. mitomanía
f. piromanía
g. farmacomanía

Paso 4: Existen también muchas fobias diferentes. Las fobias son miedos incontrolables. Conecta la fobia con su definición.

1. _C_ Miedo a cruzar la calle.
2. _E_ Miedo a volar.
3. _D_ Miedo u odio a los extranjeros.
4. _G_ Miedo a la noche o la oscuridad.
5. _A_ Miedo a las arañas.
6. _B_ Miedo a los espacios cerrados.
7. _F_ Miedo a hablar en público.

a. aracnofobia
b. claustrofobia
c. dromofobia
d. xenofobia
e. aviofobia
f. fobia social
g. noctofobia
H. Acrofobia

Amigos sin fronteras

Contacta a tus amigos/as y pregúntales qué tipo de medicina alternativa se usa en su país y cuál es la opinión de la gente sobre este tipo de medicina. En clase, comparte la información que recibas.

INFÓRMATE

La medicina alternativa siempre ha existido pero en los últimos años han aparecido estudios científicos que investigan su eficacia. La hipnosis es un tipo de terapia muy usada hoy en día.

Científicos de la Universidad de Illinois han descubierto que la naturaleza es un componente esencial para la buena salud. Parece ser que, independientemente de la posición económica, en los entornos más verdes la gente es más generosa, sociable y tiene mejor salud. En los entornos menos verdes hay más violencia y criminalidad. ¿Por qué crees que esto es así?

 6–15 Antes de leer. En parejas, contesten las siguientes preguntas.

1. ¿Creen que todo el mundo puede ser hipnotizado? ¿Han experimentado la hipnosis alguna vez?

2. ¿Cuáles son algunos mitos sobre la hipnosis?

3. La expresión "a ciencia cierta" significa "con toda seguridad, sin duda". Miren el título del artículo. ¿Cómo se relaciona el título con el tema de la hipnosis?

Dormir a ciencia cierta

Desde los egipcios hasta Ramón y Cajal han empleado la hipnosis para paliar el dolor Los psicólogos cada vez la usan más para combatir trastornos como la ansiedad y las adicciones

La controvertida hipnosis —con sus detractores y sus amantes— cada vez se emplea más por los psicólogos del siglo XXI para ayudar a sus pacientes. Aunque ahora esté de moda, egipcios, griegos e incas ya la usaron para sanar trastornos mentales.

A pesar de que estudiosos de Harvard, como Elvira V. Lang, creyeron a principios del siglo XXI haber descubierto la panacea por usar la hipnosis como analgésico en las cirugías, la verdad es que a Santiago Ramón y Cajal, a finales del XIX, ya se le ocurrió esta idea. Tanto que, después de haber investigado en el tema, hipnotizó a su propia esposa para que no sintiera dolor en sus dos últimos partos.

Ya sea a través de un péndulo dando vueltas; balanceándose el individuo con los ojos cerrados en medio de una habitación; con un simple **chasquido** de dedos y un toque en la frente; apretando las manos o tirando una moneda lentamente… Los métodos para "dormir" a un individuo son muy variados.

Pero para que el sujeto **caiga "en manos" del** terapeuta, éste debe verbalizar técnicas de profundización. Por ejemplo, una escena por la que se va bajando por una montaña —que los pacientes describen como relajante y agradable—; un ascensor que desciende suavemente; la bajada de una escalera con entre 10 y 20 **peldaños** donde al final espera una plácida **mecedora…** Todas estas situaciones **evocadas** por el psicólogo, a través de frases encadenadas, buscan estabilizar los cambios cognitivos, emocionales, perceptuales y comportamentales obtenidos con la inducción hipnótica. Ya de lleno en la sesión, se tratarán los problemas que se quieran corregir.

ANGUSTIA, BRUXISMO…

La ansiedad, la angustia, el miedo a hablar en público, dolores de tipo crónico y adicciones a sustancias y al sexo —entre otros trastornos— pueden mejorarse y acelerar notablemente su superación si la hipnosis se emplea como complemento de la terapia psicológica. «No tiene mucho sentido emplear esta técnica en problemas de pareja, pero sí funciona muy bien en

la ansiedad», aclara Isidro Pérez, fundador de la Sociedad Española de Hipnosis.

Cada vez más médicos recurren a ella. Los odontólogos para combatir el bruxismo (apretar la mandíbula por tensión nerviosa); pero también se emplea en procesos dermatológicos, en colon irritable e incluso como anestesia en cirugías menores.

«NO ES CURATIVA»

«La hipnosis en sí misma no es curativa. Dentro del trance nosotros debemos lanzar mensajes al paciente y dejar que él nos dé claves que serán muy útiles para la terapia completa», aclara el psicólogo Isidro Pérez, que señala que muchas veces intentando solucionar un dolor o una fibromialgia ha descubierto en realidad un problema matrimonial, un **nudo** emocional o una situación de estrés acumulado.

«En los últimos 6 ó 7 años, con la llegada de las técnicas de neuroimagen, se ha comprobado que cuando un individuo está en hipnosis se le alteran las mismas zonas que si estuviera viviendo la situación realmente. Esto es, si le dices que recuerde un ataque epiléptico se le activarán las mismas respuestas cerebrales que si lo estuviera sufriendo», apostilla Antonio Hernández Mendo, profesor de Psicología del Deporte de la Universidad de Málaga.

La práctica no deja lugar a dudas: la hipnosis existe y funciona, aunque los dos especialistas coinciden en su utilidad dentro de una terapia más amplia. «Se basa en estructuras del sistema límbico, partes del cerebro relacionadas con las respuestas emocionales, el aprendizaje y la memoria», dice el profesor de la Universidad de Málaga.

Incluso **tipos** como Toni Camo, el televisivo hipnotizador argentino, conocen esta técnica —que es sencilla, según Hernández Mendo— y la aplican «bien». «El problema es que hacen **chorradas** y desprestigian su uso. ¿Para qué sirve lo que hace ese **tipo?** Debe haber una ética y no permitir que un **tío** termine haciendo el perro y el idiota», reflexiona el **docente**.

El fundador de la Sociedad Española de Hipnosis sostiene que los típicos "miembros" del público televisivo que se dejan hipnotizar sin reparos son exhibicionistas que no actúan en contra de su voluntad. En eso, los **facultativos** lo tienen claro.

Pero en otros campos, los investigadores aún tienen grandes **cabos por atar**, ya que no se ha descubierto el mecanismo cerebral exacto por el que funciona la hipnosis. «Aunque a los clínicos eso nos da igual, porque la realidad es que funciona», añade Isidro Pérez, quien asegura que esta técnica acorta notablemente el tiempo total de duración de una terapia, «a veces hasta la mitad», si bien es cierto que «no hay soluciones mágicas».

Aunque casi mágico le debió parecer a una paciente de Antonio Mendo dejar de vomitar después de más de una década haciendo carreras de montaña. «La chica era deportista desde los 14 años, y a los 25 tenía los dientes muy estropeados, una úlcera y varios problemas más de salud porque cada vez que iba a correr y a competir —algo que le apasionaba— vomitaba de manera incontrolada. Con hipnosis conseguimos que no vomitara en varias ocasiones y luego ella controló la situación, aprendió a autohipnotizarse y no vomitó nunca más», explica este **facultativo** que ha usado esta técnica desde 1991 con nadadoras y futbolistas, entre otros.

Tras la deshipnotización llega otro proceso: **ajustar cuentas** de resultados y económicas. Una sesión de una hora de hipnosis debe oscilar «entre los 60 y 120 euros», añade Isidro Pérez, aunque si se alarga puede llegar a costar más. Otra cosa que debe quedar clara para el paciente es que sólo médicos y psicólogos colegiados están autorizados para practicarla. «Esto es fundamental, ya que estamos bajo un código deontológico», **abunda** este profesional, que recomienda a los terapeutas realizar cursos de especialización de unas 150 horas como mínimo.

¿QUÉ QUIERE DECIR...?

- **abunda** (*verbo* [**abundar**]): en el contexto de ofrecer una opinión, apoyar y persistir en la idea.
  Ejemplo: En su respuesta, el doctor **abunda** en la idea de la autoayuda.

- **ajustar cuentas** (*locución verbal*): concertar y liquidar el importe de una cuenta.
  Ejemplo: Después de la consulta **ajustamos cuentas** y pagué. En sentido metafórico, resolver problemas con amenazas y violencia.
  Ejemplo: La pelea entre Marcos y Pedro fue un **ajuste de** cuentas por problemas del pasado.

- **cabos por atar** (*expresión coloquial*): tener que completar algo porque existen puntos no conectados o investigados completamente.
  Ejemplo: Casi tengo el informe terminado pero todavía me quedan unos pequeños **cabos por atar** para tenerlo del todo completo.

- **caiga "en manos" de** (*locución verbal, verbo* [**caer**] [**caer en manos de**]): ser conquistado.
  Ejemplo: Escondí bien el tesoro pero aún así **cayó en las manos de** mis enemigos.

- **chasquido** (*sustantivo, m.*): ruido que se produce cuando dos partes de una cosa (p. ej., dos dedos de la mano) se golpean fuertemente entre sí.
  Ejemplo: En los países hispanos es común llamar la atención de un camarero con el **chasquido** de los dedos.

(Continúa en la página siguiente.)

¿QUÉ QUIERE DECIR...?

- **chorradas** (*sustantivo, f., pl.*): tontería, estupidez.
  Ejemplo: Cuando Pedro bebe mucho siempre dice **chorradas**.

- **docente** (*adjetivo, m. y f.*): relativo o perteneciente a la enseñanza.
  También se aplica a la persona que enseña.
  Ejemplo: Los **docentes** de mi universidad son todas personas muy amables.

- **evocadas** (*adj., adjetivo, f., pl.; participio del verbo* **evocar**): traer a la memoria.
  Ejemplo: Tu visita **evocó** recuerdos de mi niñez.

- **facultativos** (*sustantivo, m. y f., pl.*): en el contexto de la medicina, médico.
  Ejemplo: Los **facultativos** de la clínica Mayo son reconocidos mundialmente.

- **mecedora** (*sustantivo, f.*): tipo de silla que descansa sobre dos arcos y que permite moverse rítmicamente.
  Ejemplo: Cuando tuve a mi bebé, pasaba horas en la **mecedora** porque el movimiento le ayudaba a dormir.

- **nudo** (*sustantivo, m.*)*:* en sentido metafórico, dificultad o duda.
  Ejemplo: Este es el **nudo** de la cuestión.

- **peldaños** (*sustantivo, m., pl.*): parte de una escalera en que se apoya el pie al subir o bajar.
  Ejemplo: ¡Ten cuidado! Ese **peldaño** creo que está roto y te puedes caer de la escalera. Pon el pie en otro **peldaño.**

- **tío** (*sustantivo, m.*)*:* término coloquial para referirse a un individuo o sujeto.
  Ejemplo: ¡Qué **tío** más simpático es tu novio!

- **tipos** *(sustantivo, m., pl.):* término coloquial para referirse a un individuo o sujeto.
  Ejemplo: ¡Qué **tipo** más simpático es tu novio!

Añade otras palabras nuevas que has aprendido del texto.

_____

_____

_____

6–16 **Trabajemos con el texto.**

1. ¿Cómo se hipnotiza a alguien? ¿Qué crees que es la diferencia entre hipnosis y una buena relajación?

2. ¿Cuáles son los usos más comunes de la hipnosis? ¿Crees que realmente la hipnosis sirve para una enfermedad física?

3. ¿Se sabe todo sobre la hipnosis? Si todavía existen preguntas sobre la hipnosis, ¿piensas que es una buena idea que se utilice en la medicina? ¿Crees que puede ser peligrosa?

4. ¿Es posible auto-hipnotizarse? ¿Por qué piensas que esta técnica se usa con deportistas? ¿Cuál es el caso que se cuenta en el artículo?

5. Dicen que si la hipnosis funciona, eso es evidencia de que muchas enfermedades están en la mente y no en el cuerpo. ¿Estás de acuerdo?

INVESTIGA

La medicina alternativa

Busca información sobre dos tipos de medicina o terapia alternativa. Anota datos sobre su origen y su aplicación. Investiga también qué tipo de medicina alternativa existe para un problema de salud específico o una adicción. Puedes usar esta lista como modelo o buscar información específica que a ti te interese.

Tipos de medicina alternativa: acupuntura, homeopatía, quiropráctica, hipnosis, aromaterapia, herbología, reflexología, etc.

Problemas de salud: asma, corazón, diabetes, tabaquismo, depresión, etc.

EXPRESÉMONOS

6–17 **¿Qué terapia es mejor?** Las terapias alternativas no son muy conocidas y, por ello, a muchos les preocupan.

Paso 1: ¿Cuáles son algunas preocupaciones o temores que tiene la gente sobre las terapias alternativas?

Modelo: *La acupuntura es muy dolorosa.*

Paso 2: Comparte con dos compañeros/as la información que encontraste sobre dos medicinas alternativas en **Investiga: La medicina alternativa.**

Paso 3: Compartan sus preocupaciones del **Paso 1** en su grupo del **Paso 2**. Usen la información que aprendieron de **Investiga: La medicina alternativa** para convencer a sus compañeros de que estas preocupaciones no son relevantes.

Modelo: **E1:** *Me da miedo la acupuntura porque parece dolorosa. ¿Produce dolor?*
    E2: *No produce dolor. Los expertos dicen que las agujas...*

Paso 4: Escoge una de las medicinas alternativas que investigaste en **Investiga: La medicina alternativa** y comparte la información que encontraste con un/a compañero/a que también investigó el mismo tipo de terapia. En parejas, piensen en argumentos que pueden usar para convencer a alguien sobre los beneficios de este tipo de medicina alternativa. Escriban sus argumentos.

1. _____

2. _____

3. _____

4. _____

5. _____

Paso 5: Debate los beneficios de esta medicina alternativa con un/a compañero/a que defiende otro tipo de medicina. Al final del debate, habla con tu compañero/a del **Paso 4** para determinar cómo fue el debate y quién lo ganó en cada caso.

6–18 En la consulta

Paso 1: Compartan en grupos la información que encontraron en **Investiga: La medicina alternativa** sobre sus usos en problemas de salud como el asma, la depresión, adicción al tabaco, etc.

Paso 2: La clase se divide en grupos que representarán clínicas de medicina alternativa. Diferentes alumnos/as representarán personas con ciertos problemas de salud que deciden investigar los beneficios de la medicina alternativa pero que no están muy convencidos de que funcionen. Los/Las "pacientes" visitarán las diferentes clínicas, presentarán su problema y argumentarán con la clínica sus preocupaciones o dudas sobre la terapia alternativa que se le recomiende. El objetivo de la clínica es convencer al/a la "paciente" de que ciertas terapias alternativas pueden funcionar y el objetivo del/de la paciente es preguntar y cuestionar toda la información que recibe de la clínica.

6–19 59 segundos.
En este debate los participantes solo tienen 59 segundos para presentar sus opiniones. Por eso, los argumentos/las opiniones tienen que ser concretos, bien organizados y expresados con claridad. El/La instructor/a es el/la moderador/a. La clase se divide en tres grupos.

Grupo 1: Personas a favor de la medicina alternativa

Grupo 2: Personas en contra de la medicina alternativa

Grupo 3: El público con derecho a preguntar y opinar

El/La moderador/a empieza el debate con preguntas para los dos grupos de participantes informados (Grupos 1 y 2). Cualquier persona puede responder usando argumentos válidos, concretos e informados pero solo tiene 59 segundos para participar. A los 59 segundos el/la moderador/a le da la palabra a otro/a participante. A lo largo del debate el/la moderador/a dará la palabra al público (Grupo 3) para hacer preguntas y ofrecer su opinión.

PUNTO Y FINAL

En parejas expresen sus opiniones sobre los siguientes temas. Presten atención al vocabulario del capítulo y a los tipos de argumentos que se pueden usar.

1. Algunos dicen que no tiene sentido que una persona menor de 18 años no pueda comprar alcohol pero sí pueda beberlo en su casa. ¿Qué opinas?

2. ¿Qué piensas del uso de las nuevas tecnologías en la enseñanza?

3. ¿Crees que la medicina alternativa debería incluirse en el seguro médico? ¿Por qué sí o por que no?

🔊 Vocabulario

Las adicciones

Términos técnicos

el centro de desintoxicación	rehabilitation center
la conducta/el comportamiento	behavior
consumir drogas	to take drugs
dañar	to damage
dañino	harmful
daño	damage
deprimirse	to get depressed
depresión	depresssion
los desórdenes psicológicos	psychological disorders
las drogas adulteradas	adulterated drugs
la droga de diseño (p. ej., éxtasis)	designer drugs
drogado/a	drugged, doped
la drogodependencia	drug dependency
emborracharse	to get drunk
intoxicarse / desintoxicarse	to intoxicate/ detoxicate oneself
la obsesión	obsession
perjudicar	to harm
perjudicial	harmful
prevenir	to prevent
la prevención	prevention
la salud	health
saludable	healthy
el síntoma	symptom
la sobredosis	overdose
el tratamiento	treatment

Términos coloquiales

la borrachera	drunkenness
la calada	a puff of a cigarette
el camello	drug dealer
engancharse / desengancharse	to be hooked / to hook oneself
el mono	having a withdrawal
pincharse	to inject drugs on oneself
el pitillo	cigarette
el vicio	vice, addiction

CAPÍTULO 7

El mañana sin fronteras

Hipótesis y especulación

La casa "inteligente" es ya una realidad. Pero aún queda mucho por hacer: aparatos eléctricos y electrónicos que se comuniquen entre si; hornos y cafeteras que envían e-mails; microondas en los que se puede ver la televisión o frigoríficos con acceso a Internet.

Objetivos de comunicación

En la conversación a menudo ofrecemos opiniones basadas en suposiciones sobre la realidad, ya que no siempre tenemos certeza de todo lo que nos rodea. Hablar hipotéticamente es plantear una situación no existente pero que podría ser. Usando el tema de los avances tecnológicos y científicos dentro de un mundo globalizado, aprenderemos a especular y hablar hipotéticamente para presentar opiniones personales.

Lecturas

MeBot, el nuevo robot para telepresencia

Los delfines ayudarán a entender enfermedades humanas

Resistencia: ¿los ricos son dueños del 2010?

Investiga

Novedades científicas

Las ONG

Los robots, hoy en día, cuidan de los ancianos y enfermos, realizan operaciones a corazón abierto e incluso extinguen incendios y patrullan las calles. En el futuro, los robots podrán desempeñar más rápido y con mayor precisión los trabajos realizados por los humanos.

Dentro de pocos años nuestros coches parecerán pequeñas naves espaciales y poco les faltará para volar. Estos coches serán interactivos, llenos de sensores, rodeados de cámaras, y capaces de reconocer al conductor y sus sentimientos.

¿Cómo será el futuro de tus hijos a diferencia de tu vida presente

¿Qué avances recientes en la ciencia conoces?

¿Ficción o realidad: robots que ayuden al hombre en tareas diarias, vivir en el espacio, coches eléctricos?

¿Qué quiere decir el concepto de globalización?

¿Por qué piensas que hay personas en contra de la globalización?

PUNTO DE PARTIDA

En parejas contesten las siguientes preguntas y determinen cuáles de estas ideas se acercan más a la realidad que a la ficción.

1. ¿Cómo será la universidad dentro de 30 años? ¿Se usarán libros o computadoras solamente? ¿Los alumnos asistirán a clase o se darán clases por videoconferencia?

2. ¿Cómo reaccionarías si tus profesores decidieran dar todas sus clases en línea? ¿Habría sido diferente tu experiencia con el español si hubieras aprendido el idioma en línea en lugar de venir a clase? Explícalo.

El lenguaje hipotético

Al expresar opiniones y argumentar nuestras ideas es común hacer suposiciones sobre el futuro y expresar probabilidad o especulación. Estas dos funciones están directamente relacionadas a tiempos verbales específicos.

a. Para expresar probabilidad, se puede usar el presente de subjuntivo con expresiones como **probablemente, es posible, quizás, tal vez.**

Ejemplo: *Probablemente llegue un día donde solo leeremos libros en la computadora.*

Quizás desaparezca el escribir a mano y simplemente escribamos en la computadora.

b. Para expresar un deseo improbable o imposible se usa el imperfecto de subjuntivo usualmente con la expresión **Ojalá** u otras expresiones hipotéticas como **sería fantástico/preferible si.** Este tipo de oraciones expresa los sueños de los hablantes.

Ejemplo: *Ojalá pudiéramos algún día eliminar los exámenes y no tuviéramos que tomar apuntes porque todo estará en la computadora.*

Sería fantástico si algún día todos viviéramos en paz y sin guerras.

c. Para expresar condiciones hipotéticas que son improbables o poco posibles en el presente, también usamos el condicional y el imperfecto de subjuntivo.

Ejemplo: *Sería imposible aprender a hablar en español si no tuviéramos contacto directo con los profesores y alumnos en las clases.*

No tendríamos que tomar apuntes si no tuviéramos que asistir a clase y toda la información fuera accesible en línea.

Las formas perfectas del condicional e imperfecto de subjuntivo se usan para expresar condiciones improbables en el pasado que no se pueden cambiar.

Ejemplo: *Si hubiera habido más tolerancia y comunicación entre diferentes culturas, no habríamos tenido ciertas guerras.*

¡Vamos a practicar!

 7–1 **Nuestro futuro.** Hoy en día muchos adultos hablan de un futuro incierto para sus hijos. Pero, ¿qué piensas tú? Conversa con un/a compañero/a sobre cómo será el futuro usando los temas de la lista. Recuerda que debes argumentar tus ideas.

Modelo: Tema: la familia

E1: **Probablemente** *el concepto de familia no cambie radicalmente.*

E2: *¿Tú crees? ¿Por qué?*

E1: *Creo que siempre existirá la familia tradicional porque siempre ha sido así. ¿Estás de acuerdo?*

E2: *No estoy seguro pero* **tal vez** *la idea de matrimonio desaparezca y en el futuro solo hablemos de uniones entre personas. ¿Tú crees que es posible?*

E1: *No sé, quizás, pero* **probablemente** *siempre haya personas que quieran mantener el concepto de matrimonio.*

Temas:

1. el trabajo (p. ej.: tipo de trabajos, forma de trabajar, horarios, etc.)

2. la educación universitaria (p. ej.: los exámenes, el uso de la tecnología, la vida social en el campus)

3. los deportes (p. ej.: el uso de esteroides, los juegos olímpicos, nuevos deportes, los deportes en la universidad)

 7–2 **Si pudieras cambiar el mundo, ¿qué harías?** Es fácil soñar sobre cómo las cosas podrían ser diferentes, pero ¿qué harías tú, cómo lo harías y por qué? En grupos, reaccionen a estos temas ofreciendo todos los detalles necesarios. Sus compañeros/as en el grupo deberán decir si sus ideas son probables o improbables y por qué. Añadan dos temas de su interés. Presten atención a las formas verbales.

Modelo: la educación universitaria

E1: **Si pudiera, daría** *dinero a los alumnos que sacaran buenas notas.*

E2: *¿Y cómo lo* **harías***?*

E1: *Pues, yo* **daría** *diferentes cantidades según las notas. Así, una A* **recibiría** *más dinero que una B o que una C.*

E3: *Pero, ¿por qué* **harías** *eso?*

E1: *Pues, hoy en día muchos estudiantes necesitan trabajar mientras estudian. De esta manera no* **tendrían** *que trabajar tanto y* **ganarían** *dinero por estudiar y además eso los* **motivaría** *a sacar buenas notas. Buena idea, ¿no?*

E2: *Sí, pero ¿de dónde* **saldría** *el dinero?*

E3: *Yo* **eliminaría** *algunos de los deportes en la universidad y* **usaría** *ese dinero para dárselo a los estudiantes con buenas notas.*

Temas:

1. el gobierno

2. la universidad

3. _____

4. _____

7-3 Tu pasado y tu presente. Somos lo que somos en parte por nuestras experiencias pasadas, pero ¿cómo habría sido nuestra vida diferente si nuestro pasado hubiera sido diferente?

Paso 1: Piensa en tres acontecimientos pasados en tu vida que probablemente han marcado cómo eres hoy y las cosas que has hecho hasta ahora.

Modelo: *mis lecciones de violín cuando era niño*
el viaje a la India con mis padres
asistir a esta universidad

1. _____

2. _____

3. _____

 Paso 2: En parejas, compartan cómo su vida habría sido diferente si estos tres acontecimientos <u>no</u> hubieran pasado. Presta atención a las formas verbales.

Modelo: Si no **hubiera tomado** *todas estas clases de violín, no* **habría conocido** *Alemania porque fuimos con la orquesta de la escuela a Alemania por una semana. También, hoy no* **podría** *usar el violín para relajarme cuando tengo estrés.*

Paso 3: Finalmente piensen en cómo estos acontecimientos han determinado cómo es su presente hoy.

Modelo: *Gracias al violín y todas mis experiencias con la música, hoy soy más metódico en mis estudios, puedo relajarme mejor simplemente escuchando música y además creo que puedo concentrarme fácilmente.*

Teniendo en cuenta sus experiencias pasadas, ¿cómo creen que educarán a sus hijos?

Vocabulario del tema: Avances tecnológicos y globalización

La computación

almacenar/guardar	*to store/save*
el aparato	*device*
el archivo	*file*
bajar / descargar	*download*
borrar	*to erase*
el buscador	*search engine*
la carpeta	*folder*
cerrar la sesión/salir	*log out*
la computadora/el ordenador portátil	*laptop*
la contraseña	*password*
la copia de seguridad	*back up copy*
la dirección electrónica	*mail address*
grabar	*to record*

la informática	*computer science*
el informático	*computer programmer*
iniciar la sesión/entrar/conectar	*to log in*
el navegador informático	*browser*
la pantalla táctil	*touchscreen*
el/la pirata	*hacker*
pulsar/hacer clic	*to click*
el ratón	*mouse*
el servidor	*server*
subir/cargar	*upload*
la tableta	*tablet (e.g., Ipad)*
la tecla	*key*
el teclado	*keyboard*

¡Vamos a practicar!

 7–4 Guía "para idiotas". La famosa publicación en serie de las "guías para idiotas" te ha contratado para que prepares una guía básica sobre cómo sacarse una cuenta de Internet gratuita. Esta guía está dirigida a personas con muy pocos conocimientos de informática y, por eso, debe incluir paso a paso todo lo que se debe hacer. Con un/a compañero/a, preparen una lista de los pasos a seguir para sacarse una cuenta de correo electrónico gratuita. El usuario ya tiene acceso a Internet.

Modelo: *Primero, mueve el ratón de tu computadora hasta que el cursor esté encima del dibujito de Internet Explorer y pulsa dos veces.*

Vocabulario del tema: Avances tecnológicos y globalización

Avances científicos

la clonación	*cloning*
la energía renovable	*renewable energy*
el descubrimiento	*discovery*
erradicar/eliminar	*to eradicate*
la genética	*genetics*
los genes	*genes*

Avances tecnológicos

la agenda electrónica	*PDA*
el cajero automático	*ATM machine*
la cámara Web	*Webcamera/Webcam*
enviar mensaje de texto	*to text*
el GPS	*GPS*
el identificador de llamadas	*caller ID*

inalámbrico	*wireless*
el libro digital	*e-book*
el mando a distancia	*remote control*
el mensaje de texto	*text message*
el reproductor de MP3	*MP3 player*
el reproductor digital	*digital player (e.g., Ipod, Itouch)*
el teléfono inteligente	*smartphone*
el (teléfono) manos libres	*hands free phone*
el televisor de pantalla plana	*plasma TV*

¡Vamos a practicar!

7–5 Los beneficios de los avances. No se puede luchar contra el progreso pero algunos no quieren aceptarlo. ¿Cómo convencerías a una persona que no cree en el progreso? Usando la lista del vocabulario, en grupos analicen las ventajas que estos avances técnicos y científicos han traído al mundo.

Modelo: *Creo que el teléfono inalámbrico ha sido un avance muy importante. Ahora no necesitamos tener entradas de teléfono en cada cuarto. Podemos hablar mientras nos movemos,...*

Vocabulario del tema: Avances tecnológicos y globalización

Términos relevantes

el cambio climático	*climate change*
la codicia	*greed*
el comercio justo	*fair trade*
concienciarse/tomar conciencia	*to become aware*
el consumismo	*consumerism*
el desarrollo sostenible	*sustainable development*
la desigualdad	*unequality*
el enriquecimiento	*enrichment*
la exportación de bienes	*export of goods*
el filántropo	*philanthropist*
garantizar	*to guarantee*
el ingreso	*income*
la iniciativa	*initiative*
invertir	*to invest*
la inversión	*investment*
la mano de obra	*labor force*
el libre comercio	*free trade*
los países subdesarrollados/en vías de desarrollo	*underdeveloped countries*
recaudar fondos	*to raise funds*

¡Vamos a practicar!

7–6 **Los niños y el mundo.** La globalización afecta a niños y mayores, pero son los niños los que sufrirán las consecuencias de este proceso en un futuro cercano. Por eso, es importante empezar a educar a los niños sobre lo que significa la globalización. En parejas, escojan <u>cinco</u> términos de la lista del vocabulario y expliquen su significado de forma sencilla y con ejemplos relevantes para que un niño pueda entenderlo. En clase, compartan sus definiciones y entre todos piensen en una actividad escolar que pudiera usarse para explicar estos conceptos.

Modelo: *El comercio justo es una forma de comprar y vender cosas de manera justa para que todos puedan ganar y no perder dinero.*

Buscapalabras. Los extranjerismos son palabras o frases que un idioma toma de otro, generalmente debido a que ese término no existe en el idioma. A veces se mantiene la ortografía original aunque a menudo se adapta al idioma que lo recibe. Los **anglicismos** son ejemplos de extranjerismos cuyo origen es el inglés. Los anglicismos están presentes en todos los ámbitos de la sociedad pero especialmente en el mundo técnico y científico. Una fuente segura para saber si un anglicismo ha sido aceptado en el español es usar el diccionario de dudas del español de la Real Academia Española.

Por ejemplo, la palabra *parking* aparece escrita en muchos lugares en diversos países hispanos, pero, ¿es aceptable en el español? Según el diccionario de dudas del español, la palabra adaptada es *parquin (párquines, pl.)*, pero por extensión se admite la grafía en inglés. Sin embargo, la palabra preferida es *aparcamiento*. En América Latina se usan otros términos como *parque o parqueadero.*

Busca información en el diccionario de dudas del español de la Real Academia Española sobre los siguientes vocablos.

1. software _____

2. back up _____

3. copyright _____

4. marketing _____

Añade dos palabras más que quieras saber si se aceptan en español y búscalas en el diccionario de dudas.

5. _____

6. _____

EXPLOREMOS

PREPARÉMONOS

7–7 **Los inventos de hoy y del mañana.** Muchos están de acuerdo con que el avance tecnológico es imparable y algunos incluso piensan que va demasiado rápido. ¡Parecer ser que la imaginación del hombre no tiene fin!

Paso 1: ¿Qué avances tecnológicos o científicos han aparecido en los últimos 20 a 30 años?

Modelo: *El teléfono móvil*

Paso 2: En parejas, conversen sobre cómo algunos de estos avances han impactado su vida y qué ocurriría si no existieran mañana. Recuerden que deben ofrecer argumentos para sus opiniones.

Modelo:
E1: *El teléfono móvil ha impactado mi vida mucho. No puedo vivir sin él. Lo uso no solo para llamar, pero también como agenda personal.*

E2: *Sí, el teléfono móvil es importante para mí también. Me encanta que puedo tomar fotos y videos en cualquier momento e incluso puedo acceder a Internet. ¿Cómo cambiaría tu vida si mañana te despertaras y no existiera el móvil?*

E1: *¡Yo creo que me moriría! En realidad, no sé si cambiaría mi vida mucho. Supongo que tendría que organizarme mejor y tendría que depender de otras cosas. Ahora dependo del móvil para saber dónde está todo el mundo y me siento segura sabiendo que en cualquier momento puedo contactar con alguien...*

E2: *Sí, estoy de acuerdo. Además creo que sin el móvil la comunicación entre las personas se deterioraría, ¿no crees?*

Paso 3: En grupos, piensen en un invento que cambiaría el mundo para mejor. Expliquen en detalle aspectos de este invento y cómo cambiaría el mundo. Presenten la información en clase.

Modelo:
E1: *Sería fantástico un programa informático que pudiera corregir mi español hablado.*

E2: *Sí, no estaría mal, pero ¿cómo funcionaría?*

E3: *A mí me parece una idea genial. El programa podría ofrecer información no solo sobre la gramática sino también sobre la pronunciación, ¿no?*

INFÓRMATE

La ciencia y la tecnología avanzan gracias a experimentos e investigaciones que permiten descubrir nuevas formas de ver el mundo presente y futuro. Detrás de estas innovaciones científicas y tecnológicas hay muchas horas de estudio y preparación. Pero los resultados son siempre asombrosos, tal como lo demuestran los siguientes avances.

7–8 **Antes de leer.** En parejas, contesten las siguientes preguntas.

1. Los robots o autómatas son maquinas que ayudan al hombre. ¿En qué contextos se usan robots hoy y para qué? ¿Creen que estamos muy lejos de un autómata parecido al ser humano?

2. Muchos experimentos científicos usan animales para poder entender mejor el cuerpo humano y descubrir tratamientos o curas a enfermedades del hombre. ¿Qué tipo de animales se usan en estos experimentos y por qué? ¿Qué avances en la ciencia se han hecho con el uso de animales?

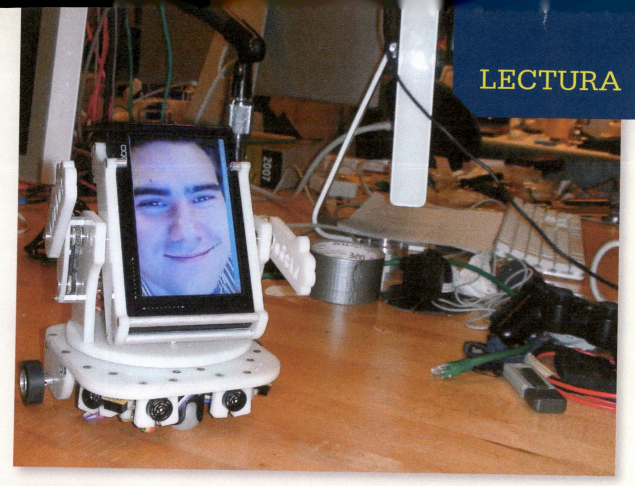

MeBot, el nuevo robot para telepresencia

La última creación robótica desarrollada en el MIT se llama *MeBot* y es un **nuevo robot de telepresencia** de reducido tamaño que muestra el rostro del operador en una **pantalla situada sobre un "cuello"** con 3 grados de libertad que se mueve casi como si se tratara de la cabeza de una persona de carne y hueso. El pequeño autómata, presentado en Osaka (Japón) durante la Conferencia de Interacción Robot-Humano celebrada del 2 al 5 de marzo, dispone además de **dos pequeños brazos** que permiten enriquecer la conversación con **gestos y elementos propios de la comunicación no verbal**.

Según sus creadores, *MeBot* podría ser el sustituto ideal de los actuales **sistemas de videoconferencia**, ya que, al transformar las expresiones del interlocutor que lo maneja en movimientos reales de su "cabeza", consigue disminuir la sensación de frialdad que proporciona mantener una conversación frente a un monitor cuando se utilizan programas como *Skype*. En definitiva, persigue una **comunicación "más natural" a pesar de la distancia**.

El término telepresencia fue creado por Marvin Minsky y significa "presencia remota". Proporciona a la persona la sensación de estar físicamente en otro lugar gracias al uso de tecnologías informáticas. Actualmente se usa tanto para celebrar **reuniones virtuales** como para manejar objetos reales a distancia con **brazos robotizados**, por ejemplo en intervenciones quirúrgicas o en la exploración espacial con *rovers*.

Los delfines ayudarán a entender enfermedades humanas

¿Qué tienen en común humanos y delfines? Muchas cosas, pero fundamentalmente que estos cetáceos pueden ayudarnos a entender muchas enfermedades humanas, según se desprende de un estudio del Departamento Oceánico y Atmosférico Nacional de Estados Unidos (NOAA).

Según explicó Carolyn Sotka durante la conferencia anual de la Asociación Estadounidense para el Avance de la Ciencia (AAAS), reunida en San Diego (California, oeste) entre el 18 y el 22 de febrero, "los delfines y los humanos son ambos mamíferos y sus dietas incluyen en gran parte los mismos alimentos marinos que consumimos. A diferencia de nosotros, sin embargo, ellos están expuestos a las posibles **amenazas** para la salud del océano las 24 horas del día". **Las similitudes entre los delfines y los humanos**, añade, hacen que **estos animales puedan ser considerados** "**centinelas** ecológicos y fisiológicos" para "advertirnos de riesgos sanitarios" y aclararnos "la forma en que podemos beneficiar nuestra salud", explicó la científica.

Por ejemplo, uno de los trabajos destinado a estudiar la fisiología de estos mamíferos muestra evidencias de que los **delfines de nariz de botella podrían** **convertirse en el primer modelo animal natural de la diabetes tipo 2**. Los análisis han revelado que un mecanismo de **ayuno** en los delfines puede desencadenar una serie de cambios en la química serológica que se corresponden con los observados en los humanos con diabetes. "Los cerebros grandes que compartimos que tienen **demandas altas en glucosa** podrían explicar por qué dos especies tan diferentes como humanos y delfines han desarrollado mecanismos fisiológicos similares para gestionar el azúcar", explica Stephanie Venn-Watson, directora de investigación clínica del NMMF.

Por otra parte, un estudio de la Universidad de Florida ha descubierto al menos 50 nuevos virus en delfines, la mayoría presentes en otras especies de mamíferos marinos. Uno de esos virus es el del **papiloma humano**, lo que supone que estos animales son el primer modelo natural del virus fuera de la especie humana. Y puesto que a los cetáceos el virus no padece desencadenarles cáncer cervical, como sí les ocurre a muchas mujeres, el futuro análisis del genoma de este virus en los delfines podría ayudar a comprender y prevenir el desarrollo de tumores.

¿QUÉ QUIERE DECIR...?

- **amenaza** (*sustantivo, f.*): anuncio de algo malo o peligroso.
  Ejemplo: He recibido **amenazas** del vecino que denuncié a la policía por hacer ruido por la noche.

- **ayuno** (*sustantivo, m.*): acción de no comer.
  Ejemplo: Estoy en **ayuno** y por eso no voy a comer nada hoy.

- **centinela** (*sustantivo, m.*): persona que observa o vigila.
  Ejemplo: Pedro ha conseguido trabajo como **centinela** de noche en la fábrica de coches.

Añade otras palabras nuevas que has aprendido del texto.

_____

_____

_____

7–9 Trabajemos con el texto

1. ¿En qué se diferencia el MeBot de otros sistemas de videoconferencia como *Skype*?

2. ¿En qué otros campos se usa la telepresencia?

3. ¿Por qué los delfines son útiles para investigar enfermedades del ser humano? ¿Qué han descubierto los científicos?

4. En la película *Yo-Robot* (2004), los robots son tan inteligentes que se rebelan contra los humanos. ¿Existirá algún día un autómata que pueda pensar y tener emociones? ¿Sería eso positivo o negativo? ¿Por qué?

5. ¿Por qué los experimentos con animales son necesarios para el ser humano? ¿Será posible algún día avanzar en la ciencia de la salud sin experimentar con animales?

6. Algunos piensan que los avances en la ciencia como la medicina, la biología, o la física son más valiosos que otros avances. ¿Estás de acuerdo?

Un reto

Expresar opiniones válidas sobre un tema desconocido es complicado, especialmente cuando no se tiene el léxico preciso. En estos casos, uno debe explicar con detalle lo que quiere decir para que la falta de vocabulario no interfiera con la expresión de ideas. Con un/a compañero/a, expliquen en español los siguientes conceptos:

1. greenhouse gas emissions
2. a labor union
3. sales tax
4. stock market

Amigos sin fronteras

Contacta a tus amigos/as y pregúntales qué aparatos digitales o electrónicos se usan con regularidad en su país y qué opinión tiene la gente sobre estos productos. En clase, comparte la información que recibas.

INVESTIGA

Novedades científicas

Cada día aparecen nuevos descubrimientos pero pocos llegan a ser noticia. Investiga dos inventos que hayan aparecido recientemente, uno tecnológico y otro científico (p. ej.: en medicina, biología, astronomía, etc.). Describe las características de cada invento y sus consecuencias para el futuro del hombre.

EXPRESÉMONOS

7–10 Una feria digital. En una feria digital se promueven los nuevos productos al público y se hacen conferencias sobre los avances en el campo de la tecnología. Imagina que perteneces a una compañía que invierte en tecnología y asistes a esta feria para buscar productos nuevos que tu compañía pueda patrocinar.

Paso 1: En grupos, expliquen en detalle el <u>avance tecnológico</u> que investigaron en **Investiga: Novedades científicas**. Narren cómo surgió este producto, qué características tiene y sus ventajas para nuestra vida diaria.

Paso 2: Dentro del grupo divídanse en parejas y preparen una lista de preguntas para dos de los productos que sus compañeros/as presentaron. Piensen en cómo este producto cambiará nuestro futuro.

Modelo: Producto: MeBot

1. *¿Por qué es importante que MeBot tenga brazos?*
2. *¿Qué competencia tendrá MeBot en el futuro?*
3. *¿Reemplazará MeBot al teléfono? ¿Por qué sí o por qué no?*
4. *¿Qué cambios le haría al MeBot si pudiera?*

Paso 3: Entrevisten a sus compañeros/as. La entrevista debe tener un tono profesional pero conversacional. Además de la lista de preguntas del **Paso 2,** hagan preguntas derivadas de las respuestas que reciben.

Paso 4: En grupo debatan a favor y en contra de cada producto y seleccionen el producto que sería el mejor para invertir. Preparen una pequeña presentación publicitaria sobre el producto seleccionado.

7–11 **En busca de becas científicas.** Los estudios científicos llevan mucho tiempo y recursos y, por ello, las becas científicas son necesarias. Para conseguir una beca es necesario presentar el objetivo del estudio y su impacto en la sociedad.

Paso 1: Presenta <u>brevemente</u> la información sobre el <u>avance científico</u> que investigaste en **Investiga: Novedades científicas** a tres personas diferentes y forma pareja con la persona que investigó algo sobre lo que quieres aprender más.

Modelo: *Un profesor en Florida ha descubierto la forma de usar la basura para elaborar etanol.*

Paso 2: En parejas, hablen <u>detalladamente</u> sobre los descubrimientos científicos que investigaron.

Modelo: *Un profesor en Florida ha descubierto cómo usar la basura de la casa para transformarla en etanol y usarla como combustible en los carros. Su técnica se basa en el uso de las enzimas de ciertos vegetales y productos como los periódicos viejos que, después de fermentar, se convierten en etanol. El equipo de este profesor clonó genes de bacterias y consiguió… Una de las ventajas de este método es que es barato y produce muy pocos gases de efecto invernadero, además…*

Paso 3: Un buen científico sabe hablar más allá de los detalles de su propio descubrimiento. Con tu pareja, conversen usando las preguntas que reciben de su profesor. Recuerda que es una conversación y debes ofrecer respuestas detalladas y elaboradas.

Paso 4: Repitan el **Paso 3** pero con una persona diferente.

¿Qué fue más difícil: opinar sobre un tema que uno conoce o sobre un tema que desconoce?

7–12 **Inventos caseros.** Hoy en día existen muchos inventos que han sido diseñados y creados por jóvenes. En grupos, piensen en un invento que creen que sería muy útil para un alumno universitario.

Paso 1: ¿Qué invento?

Modelo: *un bolígrafo con diccionario incluido*

Paso 2: ¿Cómo lo harían?

Modelo: *Sería un bolígrafo normal pero en la parte superior habría un chip digital que tendría un diccionario completo español/inglés. Habría un teclado y una pantalla pequeña para buscar los datos.*

Paso 3: ¿Por qué sería útil?

Modelo: *Sería útil porque así no tendríamos que llevar siempre con nosotros un diccionario y además podríamos usarlo en los exámenes.*

Paso 4: Presenten su invento a la clase usando la información de los pasos anteriores.

Paso 5: En grupos, escojan dos inventos presentados y hablen sobre lo siguiente.

1. ¿Qué variaciones le harían al invento?

Modelo: **E1:** *En lugar de un teclado yo añadiría un chip que reconozca la voz humana, así uno podría decir la palabra que busca, el bolígrafo reconocería la palabra y su traducción aparecería en la pantalla.*

E2: *No, yo también eliminaría la pantalla y en lugar de que la palabra apareciera en la pantalla, el bolígrafo la diría. Así, oiríamos cómo se pronuncia.*

2. ¿Qué problemas le ven al invento?

Modelo: **E1:** *No creo que funcione y además los profesores no lo aceptarían en los exámenes.*

E2: *Yo creo que además pesaría mucho, ¿no?*

E3: *Sí, ¿y cómo funcionaría? ¿Con pilas?*

LAS COSAS DEL DECIR

El lenguaje de los mensajes de texto es abreviado y a veces ininteligible. Sin embargo, para sus usuarios este nuevo "idioma" es rápido, entretenido y sencillo. Expresiones cotidianas se han reducido a un grupo de letras como **qt1bd = que tengas un buen día,** símbolos como *** = beso** o palabras abreviadas como **find = fin de semana.** Algunas de las abreviaturas mayormente aceptadas son:

hla = hola	x = por
xq/pq = porque	wpa = guapa
xfvor/xfa = por favor	tq = te quiero
nxe = noche	salu2 = saludos
dnd = donde	ns vems = nos vemos
q tl? = ¿qué tal?	xx = besos
qdams? = ¿quedamos?	mxo = mucho

Como en todos los idiomas existe también variedad individual y regional en el lenguaje de los mensajes de texto y, por tanto, es recomendable usar el sentido de la lógica para crear y descifrar mensajes.

¡A dialogar!

Paso 1: Vuelve a escribir estos mensajes usando español estándar.

1. hla q tl? qdams sta tard xa vr 1peli? 8 n mi csa? 1bso!

2. Bnas! Cmo fue l xamn l mierc? Spero q tn bn cmo a mi. Bno, voy a trbjr +! Ns vmos lueg! Xx

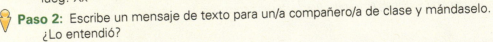 **Paso 2:** Escribe un mensaje de texto para un/a compañero/a de clase y mándaselo. ¿Lo entendió?

PROFUNDICEMOS

PREPARÉMONOS

7-13 **Globalización ¿buena o mala?** La globalización es un proceso social, económico y cultural que depende de la comunicación entre los diferentes países y que une mercados, sociedades y culturas.

Paso 1: ¿Cuáles son algunos ejemplos de globalización que podemos ver fácilmente aquí o cuando viajamos al extranjero? Ejemplos:

–la presencia de multinacionales como McDonalds y Cola-Cola en casi todos los países del mundo.

–la pobilidad de estudiar, trabajar y prepararse profesionalmente en una gran variedad de países.

 Paso 2: En parejas, ¿qué <u>ventajas</u> y <u>desventajas</u> tiene la globalización para estos temas?

a. la emigración

b. el comercio

c. el medio ambiente

Paso 3: Si la globalización depende de la comunicación rápida entre países, el intercambio de ideas y productos y un mundo sin fronteras, ¿es el concepto de pobreza el mismo en todo el mundo? ¿Son las características de la pobreza las mismas hoy que hace 100 años? ¿Cómo será un pobre dentro de 50 años?

En resumen, ¿es la globalización buena o mala?

En muchos países el norte es una zona más rica y desarrollada que el sur. ¿Tiene la posición geográfica algo que ver con el desarrollo y la pobreza? ¿Crees que algún día cambiará esta percepción?

INFÓRMATE

La globalización ofrece posibilidades múltiples de progreso pero unos se enriquecen mientras muchos continúan en la pobreza.

 7-14 **Antes de leer.** En parejas, contesten las siguientes preguntas.

1. Miren el título de la lectura. ¿Qué opinión piensan que tiene la autora de este artículo sobre la riqueza y los ricos?

2. ¿Están de acuerdo con que la pobreza trae consigo criminalidad? ¿Por qué sí o por qué no?

3. El PIB/PBI es el Producto Interior Bruto de un país, es decir, el conjunto de bienes y servicios que producen las empresas en un país durante un período determinado. Una fórmula que se usa es la siguiente:

$$PIB = C + I + G + X - M$$

¿Saben identificar las letras? Conecten las letras con su significado.

C	importaciones
I	gasto público
G	exportaciones
X	consumo
M	ingresos al país

Resistencia: ¿los ricos son dueños del 2010?

Para los multiempleados el tiempo se vuelve cruel y maligno. Y nos chupa la vida. Con algo de tiempo, podemos activar el pensamiento crítico.

Domingo, 03 de enero de 2010 19:25
Por Rocío Silva Santisteban

Hace años entrevisté a un filósofo español que escribió sobre la ética de los náufragos: ¿podemos tener ética en un momento de precariedad y desesperación? Él respondió que sí, siempre, que aun en casos desesperados y de precariedad extrema se deben tomar decisiones apelando a una ética elemental. Y me advirtió que la indignación es un gran sentimiento para lograr ese primer paso. Unos cuantos años antes, entrevisté a una señora que vendía **tejas** en el camino a Humay. La señora era muy pobre, tenía apenas una casa de madera, una cocina de kerosene, en donde, acondicionadas en situación **apretujada**, estaban las tejas sobre un mantel de lino blanco impecable. Las condiciones de su **repostería** eran paupérrimas, pero de una blancura de nieve. Le tomé unas fotos y ella me pidió previamente un tiempo para arreglarse, colocarse delicadamente unos pendientes baratos, y esas fotos fueron la imagen de la mujer más digna que he tomado en mi vida. La dignidad no está en la pobreza, pero es más difícil, es muchísimo más difícil, encontrarla entre los ricos.

Dignidad e indignación parecen ser dos lados de la misma moneda. Hace doscientos años la relación entre los ingresos de pobres y ricos era de 9 a 1; ahora, es de 60 a 1. ¿Qué significa en buena cuenta eso? Que, por ejemplo, tres de los multimillonarios de la revista Forbes son dueños de la misma cantidad de dinero que el PBI de los cuarenta y ocho países más pobres. La fortuna de Bill Gates, nomás —por nombrar a uno de los "ricos buenos"— es igual a la suma de la fortuna de 106 millones de estadounidenses. ¿Qué hacen con esa cantidad de dinero? La re-invierten, pierden y ganan, la juegan en Wall Street casi como si fuera Las Vegas y a veces producen terremotos económicos que pueden llevar a la pobreza, precisamente, a esos 106 millones mencionados. Por eso es falsa la hipótesis de que la riqueza no genera pobreza, como sostienen algunos mantras del libre mercado; quizás no en un laboratorio de índices al vacío, pero cuando se tienen que tomar decisiones éticas, y estas responden al afán de acumulación capitalista, los productos de estas decisiones pueden ocasionar la caída de hipotecas, de precios y hasta de los índices de PBI de países **ninguneados**.

La globalización ha creado un efecto de "aparente" igualdad de acceso a la información y a ciertos bienes que circulan por el mundo más baratos que hace cien años; pero esto es potencialidad pura pues, en la realidad dura y cruda, el acceso a esos bienes e incluso a otros intangibles, como la salud, la educación, la democracia, está cada vez más limitado. Por eso los afanes de Rupert Murdoch por organizar un sistema de copyright **inescrutable** para pretender cobrar por el acceso a sus periódicos en Internet; y por eso nosotros, en nuestra resistencia pasiva precaria, seguimos pirateando **a diestra y siniestra**, sobre todo, software. Una de las luchas del 2010 tiene que ser el acceso libre al conocimiento.

Pero otra, la principal, es el acceso al tiempo. El tiempo de los países capitalistas periféricos, como el nuestro, nos rompe la espina dorsal con sus angustias, sus **premuras**, sus colas interminables, sus **combis** a velocidad de tortuga. El tiempo para los multiempleados se vuelve cruel y maligno. Y nos **chupa** la vida. Con algo de tiempo podemos poner en marcha el pensamiento crítico, la conciencia sobre los discursos autoritarios, la indignación ante actos tan indignos y viles como esos vergonzosos indultos, esos vergonzosos archivamientos de pruebas en los Petroaudios, esos silencios cómplices, o ante la **ignominia** de las universidades **chicha**.

Para este 2010 les deseo tiempo, dignidad e indignación.

¿QUÉ QUIERE DECIR...?

- **a diestra y siniestra** (*expresión idiomática*): por todos lados, sin orden.
  Ejemplo: Mi jefe empezó a dar órdenes **a diestra y siniestra** y fue todo muy confuso.

- **apretujada** (*adjetivo, m., pl.; participio del verbo* **apretujar**): formar en montones y muy juntas, con poco espacio.
  Ejemplo: Con frecuencia hay mucha gente en el autobús y muchos viajamos de pie bien **apretujados**.

- **chicha** (*sustantivo, f.*): de poco valor o importancia (significado coloquial).
  Ejemplo: No me puedo creer que perdieron el partido contra ese equipo de **chicha** que ni siquiera tiene entrenador propio.

- **chupa** (*verbo* [**chupar**]): absorber completamente (significado coloquial).
  Ejemplo: El trabajo que tengo no me deja tiempo para nada. Me está **chupando** la vida.

- **combi** (*sustantivo, f.*): vehículo mayor que un coche que tiene capacidad para siete personas.
  Ejemplo: Ahora que tenemos dos niños hemos cambiado mi coche por una **combi**. Así tenemos más espacio y es más cómodo para todos.

- **ignominia** (*sustantivo, f.*): deshonor, descrédito.
  Ejemplo: Después de que procesaran y condenaran a Mario a prisión, la familia cayó en la **ignominia**.

- **inescrutable** (*adjetivo, m. y f.*): que no puede ser conocido.
  Ejemplo: La vida es **inescrutable,** es imposible saber qué pasará mañana.

- **ninguneados** (*adjetivo, m. pl.; participio del verbo* **ningunear**): no prestar atención o no apreciar mucho a alguien.
  Ejemplo: Me **ningunean** porque soy nueva en la oficina. Nadie me habla ni me sonríe.

- **paupérrimas** (*adjetivo, f*): muy pobre.
  Ejemplo: Este grupo social tiene un nivel de vida **paupérrimo**, no tienen lo necesario para vivir dignamente.

- **pirateando** (*verbo* [**piratear**]): cometer acciones ilegales contra la propiedad (significado coloquial).
  Ejemplo: Mario **piratea** películas en Internet. Ayer vimos en su casa la última película de Angelina Jolie.

- **premuras** (*sustantivo, f.*): prisa, urgencia.
  Ejemplo: Tuve que terminar el examen con **premura** porque ya era la hora final de la clase.

(Continúa en la página siguiente.)

¿QUÉ QUIERE DECIR...?

- **repostería** (*sustantivo, f.*): oficio de preparar pasteles y dulces. Ejemplo: Me encanta la **repostería**. Mi especialidad es la preparación de tortas de manzana.

- **tejas** (*sustantivo, f., pl.*): un pastel delgado y dulce con azúcar, harina y otros ingredientes.

Añade otras palabras nuevas que has aprendido del texto.

_____

_____

_____

7–15 **Trabajemos con el texto**

1. ¿Cómo la historia de la mujer anciana que vendía tejas explica que la dignidad no está en la pobreza? ¿Has observado alguna situación similar alguna vez?

2. ¿Qué tipo de desigualdad existe entre los ricos y los pobres? ¿Por qué dice que la riqueza genera pobreza?

3. La globalización no ha traído igualdad, ¿por qué? ¿Estás de acuerdo que el acceso al conocimiento debería ser libre y no controlado?

4. ¿Cuál es la razón por la cual el mundo capitalista no tiene pensamiento crítico?

5. Algunos dicen que hablar de pobreza en los Estados Unidos es injusto, no existe pobreza en este país. ¿Estás de acuerdo? ¿Crees que en realidad algún día será posible la igualdad total entre personas y países o es una utopía?

Las ONG

A pesar de los avances y las ideas de progreso social y económico que defiende la globalización, cada día hay más problemas globales que necesitan de la ayuda desinteresada de los ciudadanos. Una ONG (Organización No Gubernamental) ofrece la posibilidad de ayudar a nuestros conciudadanos de forma desinteresada. Investiga una ONG que te interese. Describe sus objetivos, un proyecto que hayan ofrecido en el pasado y otro proyecto para el presente o futuro.

Las multinacionales ofrecen trabajo a muchas personas en muchos países diferentes. ¿Por qué piensas que hay personas en contra de estas multinacionales? ¿Sirve de algo protestar? ¿Deberíamos expresar nuestras opiniones de otra forma? ¿Cómo?

Amigos sin fronteras

Contacta a tus amigos/as y pregúntales qué ONGs son conocidas en su país y si él/ella participa en una ONG. En clase, comparte la información que recibas.

EXPRESÉMONOS

7–16 Los problemas de la humanidad

Paso 1: Aunque quisiéramos solucionar todos los problemas del mundo, es imposible. En grupos, compartan los problemas que la ONG que investigaron en **Investiga: Las ONGs** intenta solucionar. Elaboren una lista y compártanla en clase.

Modelo: *la falta de ayuda sanitaria en lugares subdesarrollados (ONG: Médicos sin Fronteras)*

Paso 2: Selecciona dos ONGs que te parezcan interesantes y conversa con la persona que las investigó para saber más sobre sus objetivos y proyectos.

ONG: _____

Objetivos: _____

Proyectos: _____

ONG: _____

Objetivos: _____

Proyectos: _____

Paso 3: En parejas, debatan otros proyectos que podrían desarrollar las ONGs que investigaron.

Modelo: **E1:** *Yo investigué una ONG llamada Proyecto Hombre que tiene el objetivo de ayudar a los hombres con el problema de la drogodependencia. Algunos de sus proyectos son reuniones de terapia, actividades de ocio, formación profesional.*

E2: *Parece muy interesante. Creo que sería beneficioso si además ayudaran también a las familias de los drogadictos, ¿no crees?*

E1: *Sí, eso sería una buena idea. Podrían hacer actividades de ocio con los familiares para que así las familias pudieran disfrutar de tiempo de diversión con estas personas. Además, quizás esta ONG podría visitar las escuelas y presentar el problema de la drogodependencia a los jóvenes…*

Paso 4: En clase, contesten las siguientes preguntas.

1. ¿A qué ONG te gustaría pertenecer y por qué?

2. ¿Qué problemas son más urgentes y por qué?

3. ¿Serán necesarias las ONGs dentro de 50 años?

4. ¿Qué ONGs crees que desaparecerán en el futuro porque no serán necesarias?

7–17 Tu propia ONG

Paso 1: En grupos, piensen en una ONG que les gustaría fundar. Piensen en las siguientes preguntas. Presenten su ONG a la clase.

1. ¿Qué problema quieren solucionar y por qué?
2. ¿Cuáles son los objetivos de su ONG? Mencionen al menos dos objetivos diferentes.
3. ¿Qué proyectos tendrán? Mencionen al menos dos proyectos diferentes.
4. ¿Cómo recaudarán fondos?
5. ¿Cómo se darán a conocer para encontrar colaboradores?
6. ¿Qué otras ideas tienen?

Paso 2: Imaginen que quieren presentar su ONG a su gobierno local para que les de permiso para formar la organización legalmente. Después de presentar su ONG, los miembros del gobierno hacen preguntas para saber si han pensado en todos los detalles. Para cada proyecto de ONG presentado en el **Paso 1**, preparen preguntas hipotéticas como en el modelo.

Modelo: *¿Qué pasaría si un año no tuvieran los colaboradores necesarios para poner en marcha alguno de los proyectos?*

¿Aceptarían dinero de una compañía privada?

Hagan sus preguntas en clase a los diferentes grupos del **Paso 1**. Recuerden que pueden hacer preguntas complementarias basadas en las respuestas que reciban.

En clase, decidan qué ONG tendría más futuro y por qué.

7–18 Una cumbre iberoamericana.
Cada año los jefes de estado de 22 países de América Latina y Europa de lengua hispana y portuguesa se reúnen para reflexionar sobre los problemas internacionales y regionales que afectan a estos países. En la cumbre hay conferencias y debates. Imagina que participas en esta cumbre.

Paso 1: En clase y entre todos piensen en problemas específicos que afectan a estos países latinoamericanos y europeos de habla hispana y portuguesa.

Modelo: *la emigración de las zonas rurales a los centros urbanos*

los derechos humanos de los indígenas

Paso 2: En parejas, escojan un tema y conversen sobre las características del problema: su presente y su futuro.

Modelo: **E1:** *Los pueblos indígenas en Latinoamérica están perdiendo su identidad. Saben que, si no se adaptan al progreso, no podrán salir adelante y sobrevivir.*

E2: *Sí, pero curiosamente si se adaptan a los cambios actuales, temen que perderán su identidad.*

E1: *No sé si hay una solución a este problema. ¿Tú crees que algún día desaparecerán estos indígenas?*

E2: *Quizás podrán sobrevivir pero habrá cambios. Los gobiernos podrían darles ayudas económicas y sociales.*

Paso 3: Con sus parejas, preparen dos preguntas que tengan sobre el tema discutido en el **Paso 2**. Plantearán estas preguntas en la "cumbre" que tendrá lugar en el **Paso 4.**

Modelo: *¿Se debería educar a los indígenas para que se beneficien de los cambios políticos y sociales que existen hoy?*

¿Qué se podría hacer para mantener la identidad de los pueblos indígenas en América Latina ante el progreso del mundo globalizado?

Preguntas:

1. _____

2. _____

 Paso 4: En grupos, debatan los problemas sociales explorados en el **Paso 2**. Primero presenten brevemente las características del problema y después ofrezcan las preguntas del **Paso 3** para debate. Para cada problema social, los miembros de esta "cumbre" deberán llegar a unas ideas comunes que ofrezcan soluciones parciales a los problemas planteados. Presenten sus conclusiones a la clase.

 ### Un reto

La globalización ya no tiene marcha atrás, pero ¿qué habría ocurrido si las cosas hubieran sido diferentes? En parejas, contesten las siguientes preguntas y compartan sus ideas en clase.

Preguntas:

1. Si el hombre no hubiera descubierto los pueblos indígenas en las selvas latinoamericanas, ¿cómo estarían hoy estos indígenas, mejor o peor? ¿Por qué? ¿Habrían sobrevivido?

2. ¿Habría tantos niños forzados a trabajar si los gobiernos hubieran invertido más en la educación de sus ciudadanos?

3. ¿Qué hubiera ocurrido si las grandes multinacionales como Coca-Cola o McDonald's no hubieran llegado a los países en vías de desarrollo?

 ### PUNTO Y FINAL

En parejas discutan el tema del equilibrio entre el medio ambiente y el progreso económico usando las siguientes preguntas como guía.

Muchos países en vías de desarrollo dependen del turismo para mantener su economía, pero este turismo a menudo implica explotación de los recursos naturales. ¿Es posible el progreso económico sin afectar el medio ambiente? ¿Qué control debería existir para que las grandes industrias tuvieran presente el medio ambiente? ¿Tendría sentido la inversión en energías renovables en estas zonas turísticas cuando la mayoría de la población vive en la pobreza? ¿Qué tipo de turismo existirá en el futuro? ¿Querrá la gente ir a lugares exóticos y poco explotados o preferirá el lujo, la tecnología... y el espacio?

Hacer críticas puede tener diversos resultados. A veces una crítica ayuda a impulsar o mejorar un proyecto, motiva a trabajar más eficazmente o simplemente anima a buscar ideas nuevas. Es importante recordar que estamos haciendo una crítica constructiva, no destructiva; es decir, nuestro objetivo no es ofender a alguien sino cambiar algo o el comportamiento de alguien.

1. Reconoce las cosas positivas del trabajo realizado y de la persona que lo ha hecho.

2. Habla desde lo que tú observas: "No entiendo lo que quieres decir en este párrafo", "No veo claro este argumento", si estamos criticando un informe, por ejemplo.

3. No solo menciones las cosas negativas sino explica por qué son negativas y ofrece sugerencias: con expresiones como "quizás podrías…" o, "te recomendaría que…".

4. Acepta una réplica o una explicación. El diálogo permite llegar a una solución conjunta.

Generalmente cuando se recibe una crítica, queremos defendernos de la mejor manera posible.

1. Evita responder defensivamente o de forma agresiva. Escucha primero, reflexiona y después ofrece tu réplica.

2. Siempre agradece la crítica aunque no la compartas: "Gracias por el comentario", "Entiendo lo que quiere decir".

3. Si no estas de acuerdo con la crítica, justifica con argumentos tu comportamiento: "Entiendo su punto de vista pero me gustaría explicarle por qué…", "En mi defensa puedo decir que…"

4. Haz preguntas para tener bien claro las cosas que hay que cambiar.

Existen también ciertas diferencias culturales en la forma de usar un lenguaje crítico. En España, es común hablar de foma directa y al grano, lo cual puede interpretarse de forma ofensiva. Sin embargo, en la cultura estadounidense es más común ir al grano pero sin olvidar mencionar algo positivo sobre la persona con la que estamos hablando. Observa cómo la profesora y su alumna, Maite, hablan sobre un informe escrito.

Profesora: Maite, tu estudio me parece muy interesante y original pero está muy desorganizado, es un poco corto y falta información. La verdad es que me sorprendió un poco porque he leído otros trabajos tuyos y son mucho mejores.

Maite: Es que no tuve mucho tiempo y reconozco que no es el mejor trabajo que podía entregar.

Profesora: Quería proponerte que trabajaras un poco más en él para conseguir una mejor nota.

Maite: Agradezco que me diga los puntos en los que puedo mejorar.

Profesora: Pues, para empezar, tu tesis, la idea que intentas desarrollar, no la defiendes de forma muy clara. También parece que has puesto toda la información en una sola sección. Debes dividirla en diferentes párrafos. Primero una introducción y después en cada párrafo debes tener una idea en la que te vas a centrar y desarrollarla con argumentos válidos y coherentes.

Maite: De acuerdo, lo entiendo.

Profesora: También no entiendo muy bien por qué decidiste usar los datos de los blogs. La información no me parece relevante para tu informe.

Maite: Bueno, en mi defensa puedo decir que pensé que la información de los blogs ofrecería una perspectiva humana al tema que estoy tratando.

Profesora: Entiendo tu punto de vista. Quizás pudieras explicar un poco más precisamente cómo la información de los blogs ayuda a personalizar el tema, ¿no te parece?

Maite: Sí, claro, puedo hacerlo.

Profesora: Vale, pues buena suerte.

Maite: Muchas gracias y le agradezco esta segunda oportunidad.

1 Estudiante A

Eres maestro/a de español en una escuela. Llevas dos años trabajando en esta escuela. El/La director/a ha observado tu clase y te llama a su oficina para hablar de la observación. Este año tienes una clase un poco difícil con algunos alumnos que tienen problemas de disciplina. Además han cambiado el programa académico de español y hay un libro de texto nuevo.

Estudiante B

Eres director/a de una escuela y acabas de observar al/a la maestro/a de español y no estás muy contento/a. En la clase observaste que algunos alumnos no escuchan e incluso le faltan el respeto al/a la maestro/a. La lección te pareció un poco desorganizada como si el/la maestro/a no la hubiera preparado lo suficiente. Tienes dudas de que a este/a maestro/a realmente le guste enseñar y estás pensando en no contratarlo/a el próximo año si las cosas no mejoran.

2 Estudiante A

Eres el/la jefe/a de una editorial de libros y uno/a de tus empleados/as no está trabajando lo suficiente. Es una persona puntual, respetuosa y de un trato amable. Se relaciona muy bien con todo el mundo. Sin embargo, siempre entrega tarde los informes en los que está trabajando y siempre tiene excusas por no haber terminado las cosas a tiempo. No es muy organizada en su trabajo.

Estudiante B

Eres un/a empleado/a en una editorial de libros. Tu trabajo consiste en leer posibles proyectos de publicación y escribir un informe resumiendo el proyecto y analizando su posible publicación. Tu jefe/a te da los libros que tienes que leer y un plan de entrega de los informes. Tu jefe/a te llama a su oficina para hablar de tu trabajo.

Vocabulario

Avances tecnológicos y globalización

La computación

almacenar/guardar	to store
el aparato	device
el archivo	file
bajar/descargar	download
borrar	to erase
el buscador	search engine
la carpeta	folder
cerrar la sesión/salir	log out
la computadora/el ordenador portátil	laptop
la contraseña	password
la copia de seguridad	back up copy
la dirección electrónica	mail address
grabar	to record
la informática	computer science
el informático	computer programmer
iniciar la sesión/ entrar/conectar	to log in
el navegador informático	browser
la pantalla táctil	touchscreen
el/la pirata	hacker
pulsar/hacer clic	to click
el ratón	mouse
el servidor	server
subir/cargar	upload
la tableta	tablet (e.g., Ipad)
la tecla	key
el teclado`	keyboard

el libro digital	e-book
el mando a distancia	remote control
enviar mensaje de texto	to text
el GPS	GPS
el identificador de llamadas	Caller ID
inalámbrico	wireless
el mensaje de texto	text message
el teléfono inteligente	smartphone
el (teléfono) manos libres	hands free phone
el reproductor digital	digital player (e.g., Ipod, Itouch)
el reproductor de MP3	MP3 player
el televisor de pantalla plana	plasma TV

Términos relevantes

el cambio climático	climate change
la codicia	greed
el comercio justo	fair trade
concienciarse/tomar conciencia	to become aware
el consumismo	consumerism
el desarrollo sostenible	sustainable development
la desigualdad	unequality
el enriquecimiento	enrichment
la exportación de bienes	export of goods
el filántropo	philanthropist
garantizar	to guarantee
el ingreso	income
la iniciativa	initiative
invertir	to invest
la inversión	investment
la mano de obra	labor force
el libre comercio	free trade
los países subdesarrollados/ en vías de desarrollo	underdeveloped countries
recaudar fondos	to raise funds

Avances científicos

la clonación	cloning
la energía renovable	renewable energy
el descubrimiento	discovery
erradicar/eliminar	to eradicate
la genética	genetics
los genes	genes

Avances tecnológicos

la agenda electrónica	PDA
el cajero automático	ATM machine
la cámara Web	Webcamera/Webcam

VERB CHARTS

Regular Verbs: Simple Tenses

Infinitive Present Participle Past Participle	Indicative					Subjunctive		Imperative
	Present	Imperfect	Preterit	Future	Conditional	Present	Imperfect	Commands
hablar hablando hablado	hablo hablas habla hablamos habláis hablan	hablaba hablabas hablaba hablábamos hablabais hablaban	hablé hablaste habló hablamos hablasteis hablaron	hablaré hablarás hablará hablaremos hablaréis hablarán	hablaría hablarías hablaría hablaríamos hablaríais hablarían	hable hables hable hablemos habléis hablen	hablara hablaras hablara habláramos hablarais hablaran	habla (tú), no hables hable (usted) hablemos hablad (vosotros), no habléis hablen (Uds.)
comer comiendo comido	como comes come comemos coméis comen	comía comías comía comíamos comíais comían	comí comiste comió comimos comisteis comieron	comeré comerás comerá comeremos comeréis comerán	comería comerías comería comeríamos comeríais comerían	coma comas coma comamos comáis coman	comiera comieras comiera comiéramos comierais comieran	come (tú), no comas coma (usted) comamos comed (vosotros), no comáis coman (Uds.)
vivir viviendo vivido	vivo vives vive vivimos vivís viven	vivía vivías vivía vivíamos vivíais vivían	viví viviste vivió vivimos vivisteis vivieron	viviré vivirás vivirá viviremos viviréis vivirán	viviría vivirías viviría viviríamos viviríais vivirían	viva vivas viva vivamos viváis vivan	viviera vivieras viviera viviéramos vivierais vivieran	vive (tú), no vivas viva (usted) vivamos vivid (vosotros), no viváis vivan (Uds.)

Regular Verbs: Perfect Tenses

Indicative										Subjunctive			
Present Perfect		Past Perfect		Preterit Perfect		Future Perfect		Conditional Perfect		Present Perfect		Past Perfect	
he has ha hemos habéis han	hablado comido vivido	había habías había habíamos habíais habían	hablado comido vivido	hube hubiste hubo hubimos hubisteis hubieron	hablado comido vivido	habré hâbrás habrá habremos habréis habrán	hablado comido vivido	habría habrías habría habríamos habríais habrían	hablado comido vivido	haya hayas haya hayamos hayáis hayan	hablado comido vivido	hubiera hubieras hubiera hubiéramos hubierais hubieran	hablado comido vivido

Irregular Verbs

Infinitive Present Participle Past Participle	Indicative					Subjunctive		Imperative
	Present	Imperfect	Preterit	Future	Conditional	Present	Imperfect	Commands
andar andando andado	ando andas anda andamos andáis andan	andaba andabas andaba andábamos andabais andaban	anduve anduviste anduvo anduvimos anduvisteis anduvieron	andaré andarás andará andaremos andaréis andarán	andaría andarías andaría andaríamos andaríais andarían	ande andes ande andemos andéis anden	anduviera anduvieras anduviera anduviéramos anduvierais anduvieran	anda (tú), no andes ande (usted) andemos andad (vosotros), no andéis anden (Uds.)
caer cayendo caído	caigo caes cae caemos caéis caen	caía caías caía caíamos caíais caían	caí caíste cayó caímos caísteis cayeron	caeré caerás caerá caeremos caeréis caerán	caería caerías caería caeríamos caeríais caerían	caiga caigas caiga caigamos caigáis caigan	cayera cayeras cayera cayéramos cayerais cayeran	cae (tú), no caigas caiga (usted) caigamos caed (vosotros), no caigáis caigan (Uds.)
dar dando dado	doy das da damos dais dan	daba dabas daba dábamos dabais daban	di diste dio dimos disteis dieron	daré darás dará daremos daréis darán	daría darías daría daríamos daríais darían	dé des dé demos deis den	diera dieras diera diéramos dierais dieran	da (tú), no des dé (usted) demos dad (vosotros), no deis den (Uds.)
decir diciendo dicho	digo dices dice decimos decís dicen	decía decías decía decíamos decíais decían	dije dijiste dijo dijimos dijisteis dijeron	diré dirás dirá diremos diréis dirán	diría dirías diría diríamos diríais dirían	diga digas diga digamos digáis digan	dijera dijeras dijera dijéramos dijerais dijeran	di (tú), no digas diga (usted) digamos decid (vosotros), no digáis digan (Uds.)
estar estando estado	estoy estás está estamos estáis están	estaba estabas estaba estábamos estabais estaban	estuve estuviste estuvo estuvimos estuvisteis estuvieron	estaré estarás estará estaremos estaréis estarán	estaría estarías estaría estaríamos estaríais estarían	esté estés esté estemos estéis estén	estuviera estuvieras estuviera estuviéramos estuvierais estuvieran	está (tú), no estés esté (usted) estemos estad (vosotros), no estéis estén (Uds.)
haber habiendo habido	he has ha hemos habéis han	había habías había habíamos habíais habían	hube hubiste hubo hubimos hubisteis hubieron	habré habrás habrá habremos habréis habrán	habría habrías habría habríamos habríais habrían	haya hayas haya hayamos hayáis hayan	hubiera hubieras hubiera hubiéramos hubierais hubieran	

Irregular Verbs *(continued)*

Infinitive Present Participle Past Participle	Indicative					Subjunctive		Imperative
	Present	Imperfect	Preterit	Future	Conditional	Present	Imperfect	Commands
hacer haciendo hecho	hago haces hace hacemos hacéis hacen	hacía hacías hacía hacíamos hacíais hacían	hice hiciste hizo hicimos hicisteis hicieron	haré harás hará haremos haréis harán	haría harías haría haríamos haríais harían	haga hagas haga hagamos hagáis hagan	hiciera hicieras hiciera hiciéramos hicierais hicieran	haz (tú), no hagas haga (usted) hagamos haced (vosotros), no hagáis hagan (Uds.)
ir yendo ido	voy vas va vamos vais van	iba ibas iba íbamos ibais iban	fui fuiste fue fuimos fuisteis fueron	iré irás irá iremos iréis irán	iría irías iría iríamos iríais irían	vaya vayas vaya vayamos vayáis vayan	fuera fueras fuera fuéramos fuerais fueran	ve (tú), no vayas vaya (usted) vamos, no vayamos id (vosotros), no vayáis vayan (Uds.)
oír oyendo oído	oigo oyes oye oímos oís oyen	oía oías oía oíamos oíais oían	oí oíste oyó oímos oísteis oyeron	oiré oirás oirá oiremos oiréis oirán	oiría oirías oiría oiríamos oiríais oirían	oiga oigas oiga oigamos oigáis oigan	oyera oyeras oyera oyéramos oyerais oyeran	oye (tú), no oigas oiga (usted) oigamos oíd (vosotros), no oigáis oigan (Uds.)
poder pudiendo podido	puedo puedes puede podemos podéis pueden	podía podías podía podíamos podíais podían	pude pudiste pudo pudimos pudisteis pudieron	podré podrás podrá podremos podréis podrán	podría podrías podría podríamos podríais podrían	pueda puedas pueda podamos podáis puedan	pudiera pudieras pudiera pudiéramos pudierais pudieran	
poner poniendo puesto	pongo pones pone ponemos ponéis ponen	ponía ponías ponía poníamos poníais ponían	puse pusiste puso pusimos pusisteis pusieron	pondré pondrás pondrá pondremos pondréis pondrán	pondría pondrías pondría pondríamos pondríais pondrían	ponga pongas ponga pongamos pongáis pongan	pusiera pusieras pusiera pusiéramos pusierais pusieran	pon (tú), no pongas ponga (usted) pongamos poned (vosotros), no pongáis pongan (Uds.)
querer queriendo querido	quiero quieres quiere queremos queréis quieren	quería querías quería queríamos queríais querían	quise quisiste quiso quisimos quisisteis quisieron	querré querrás querrá querremos querréis querrán	querría querrías querría querríamos querríais querrían	quiera quieras quiera queramos queráis quieran	quisiera quisieras quisiera quisiéramos quisierais quisieran	quiere (tú), no quieras quiera (usted) queramos quered (vosotros), no queráis quieran (Uds.)

Irregular Verbs (continued)

Infinitive Present Participle Past Participle	Indicative					Subjunctive		Imperative
	Present	Imperfect	Preterit	Future	Conditional	Present	Imperfect	Commands
saber sabiendo sabido	sé sabes sabe sabemos sabéis saben	sabía sabías sabía sabíamos sabíais sabían	supe supiste supo supimos supisteis supieron	sabré sabrás sabrá sabremos sabréis sabrán	sabría sabrías sabría sabríamos sabríais sabrían	sepa sepas sepa sepamos sepáis sepan	supiera supieras supiera supiéramos supierais supieran	sabe (tú), no sepas sepa (usted) sepamos sabed (vosotros), no sepáis sepan (Uds.)
salir saliendo salido	salgo sales sale salimos salís salen	salía salías salía salíamos salíais salían	salí saliste salió salimos salisteis salieron	saldré saldrás saldrá saldremos saldréis saldrán	saldría saldrías saldría saldríamos saldríais saldrían	salga salgas salga salgamos salgáis salgan	saliera salieras saliera saliéramos salierais salieran	sal (tú), no salgas salga (usted) salgamos salid (vosotros), no salgáis salgan (Uds.)
ser siendo sido	soy eres es somos sois son	era eras era éramos erais eran	fui fuiste fue fuimos fuisteis fueron	seré serás será seremos seréis serán	sería serías sería seríamos seríais serían	sea seas sea seamos seáis sean	fuera fueras fuera fuéramos fuerais fueran	sé (tú), no seas sea (usted) seamos sed (vosotros), no seáis sean (Uds.)
tener teniendo tenido	tengo tienes tiene tenemos tenéis tienen	tenía tenías tenía teníamos teníais tenían	tuve tuviste tuvo tuvimos tuvisteis tuvieron	tendré tendrás tendrá tendremos tendréis tendrán	tendría tendrías tendría tendríamos tendríais tendrían	tenga tengas tenga tengamos tengáis tengan	tuviera tuvieras tuviera tuviéramos tuvierais tuvieran	ten (tú), no tengas tenga (usted) tengamos tened (vosotros), no tengáis tengan (Uds.)
traer trayendo traído	traigo traes trae traemos traéis traen	traía traías traía traíamos traíais traían	traje trajiste trajo trajimos trajisteis trajeron	traeré traerás traerá traeremos traeréis traerán	traería traerías traería traeríamos traeríais traerían	traiga traigas traiga traigamos traigáis traigan	trajera trajeras trajera trajéramos trajerais trajeran	trae (tú), no traigas traiga (usted) traigamos traed (vosotros), no traigáis traigan (Uds.)

Irregular Verbs (continued)

Infinitive Present Participle Past Participle	Indicative					Subjunctive		Imperative
	Present	Imperfect	Preterit	Future	Conditional	Present	Imperfect	Commands
venir viniendo venido	vengo vienes viene venimos venís vienen	venía venías venía veníamos veníais venían	vine viniste vino vinimos vinisteis vinieron	vendré vendrás vendrá vendremos vendréis vendrán	vendría vendrías vendría vendríamos vendríais vendrían	venga vengas venga vengamos vengáis vengan	viniera vinieras viniera viniéramos vinierais vinieran	ven (tú), no vengas venga (usted) vengamos venid (vosotros), no vengáis vengan (Uds.)
ver viendo visto	veo ves ve vemos veis ven	veía veías veía veíamos veíais veían	vi viste vio vimos visteis vieron	veré verás verá veremos veréis verán	vería verías vería veríamos veríais verían	vea veas vea veamos veáis vean	viera vieras viera viéramos vierais vieran	ve (tú), no veas vea (usted) veamos ved (vosotros), no veáis vean (Uds.)

Stem-Changing and Orthographic-Changing Verbs

Infinitive Present Participle Past Participle	Indicative					Subjunctive		Imperative
	Present	Imperfect	Preterit	Future	Conditional	Present	Imperfect	Commands
almorzar (ue) (c) almorzando almorzado	almuerzo almuerzas almuerza almorzamos almorzáis almuerzan	almorzaba almorzabas almorzaba almorzábamos almorzabais almorzaban	almorcé almorzaste almorzó almorzamos almorzasteis almorzaron	almorzaré almorzarás almorzará almorzaremos almorzaréis almorzarán	almorzaría almorzarías almorzaría almorzaríamos almorzaríais almorzarían	almuerce almuerces almuerce almorcemos almorcéis almuercen	almorzara almorzaras almorzara almorzáramos almorzarais almorzaran	almuerza (tú), no almuerces almuerce (usted) almorcemos almorzad (vosotros), no almorcéis almuercen (Uds.)
buscar (qu) buscando buscado	busco buscas busca buscamos buscáis buscan	buscaba buscabas buscaba buscábamos buscabais buscaban	busqué buscaste buscó buscamos buscasteis buscaron	buscaré buscarás buscará buscaremos buscaréis buscarán	buscaría buscarías buscaría buscaríamos buscaríais buscarían	busque busques busque busquemos busquéis busquen	buscara buscaras buscara buscáramos buscarais buscaran	busca (tú), no busques busque (usted) busquemos buscad (vosotros), no busquéis busquen (Uds.)

Stem-Changing and Orthographic-Changing Verbs *(continued)*

Infinitive Present Participle Past Participle	Indicative					Subjunctive		Imperative
	Present	Imperfect	Preterit	Future	Conditional	Present	Imperfect	Commands
corregir (i, i) (j) corrigiendo corregido	corrijo corriges corrige corregimos corregís corrigen	corregía corregías corregía corregíamos corregíais corregían	corregí corregiste corrigió corregimos corregisteis corrigieron	corregiré corregirás corregirá corregiremos corregiréis corregirán	corregiría corregirías corregiría corregiríamos corregiríais corregirían	corrija corrijas corrija corrijamos corrijáis corrijan	corrigiera corrigieras corrigiera corrigiéramos corrigierais corrigieran	corrige (tú), no corrijas corrija (usted) corrijamos corregid (vosotros), no corrijáis corrijan (Uds.)
dormir (ue, u) durmiendo dormido	duermo duermes duerme dormimos dormís duermen	dormía dormías dormía dormíamos dormíais dormían	dormí dormiste durmió dormimos dormisteis durmieron	dormiré dormirás dormirá dormiremos dormiréis dormirán	dormiría dormirías dormiría dormiríamos dormiríais dormirían	duerma duermas duerma durmamos durmáis duerman	durmiera durmieras durmiera durmiéramos durmierais durmieran	duerme (tú), no duermas duerma (usted) durmamos dormid (vosotros), no durmáis duerman (Uds.)
incluir (y) incluyendo incluido	incluyo incluyes incluye incluimos incluís incluyen	incluía incluías incluía incluíamos incluíais incluían	incluí incluiste incluyó incluimos incluisteis incluyeron	incluiré incluirás incluirá incluiremos incluiréis incluirán	incluiría incluirías incluiría incluiríamos incluiríais incluirían	incluya incluyas incluya incluyamos incluyáis incluyan	incluyera incluyeras incluyera incluyéramos incluyerais incluyeran	incluye (tú), no incluyas incluya (usted) incluyamos incluid (vosotros), no incluyáis incluyan (Uds.)
llegar (gu) llegando llegado	llego llegas llega llegamos llegáis llegan	llegaba llegabas llegaba llegábamos llegabais llegaban	llegué llegaste llegó llegamos llegasteis llegaron	llegaré llegarás llegará llegaremos llegaréis llegarán	llegaría llegarías llegaría llegaríamos llegaríais llegarían	llegue llegues llegue lleguemos lleguéis lleguen	llegara llegaras llegara llegáramos llegarais llegaran	llega (tú), no llegues llegue (usted) lleguemos llegad (vosotros), no lleguéis lleguen (Uds.)
pedir (i, i) pidiendo pedido	pido pides pide pedimos pedís piden	pedía pedías pedía pedíamos pedíais pedían	pedí pediste pidió pedimos pedisteis pidieron	pediré pedirás pedirá pediremos pediréis pedirán	pediría pedirías pediría pediríamos pediríais pedirían	pida pidas pida pidamos pidáis pidan	pidiera pidieras pidiera pidiéramos pidierais pidieran	pide (tú), no pidas pida (usted) pidamos pedid (vosotros), no pidáis pidan (Uds.)

Stem-Changing and Orthographic-Changing Verbs *(continued)*

Infinitive Present Participle Past Participle	Indicative					Subjunctive		Imperative
	Present	Imperfect	Preterit	Future	Conditional	Present	Imperfect	Commands
pensar (ie) pensando pensado	pienso piensas piensa pensamos pensáis piensan	pensaba pensabas pensaba pensábamos pensabais pensaban	pensé pensaste pensó pensamos pensasteis pensaron	pensaré pensarás pensará pensaremos pensaréis pensarán	pensaría pensarías pensaría pensaríamos pensaríais pensarían	piense pienses piense pensemos penséis piensen	pensara pensaras pensara pensáramos pensarais pensaran	piensa (tú), no pienses piense (usted) pensemos pensad (vosotros), no penséis piensen (Uds.)
producir (zc) (j) produciendo producido	produzco produces produce producimos producís producen	producía producías producía producíamos producíais producían	produje produjiste produjo produjimos produjisteis produjeron	produciré producirás producirá produciremos produciréis producirán	produciría producirías produciría produciríamos produciríais producirían	produzca produzcas produzca produzcamos produzcáis produzcan	produjera produjeras produjera produjéramos produjerais produjeran	produce (tú), no produzcas produzca (usted) produzcamos producid (vosotros), no produzcáis produzcan (Uds.)
reír (i, i) riendo reído	río ríes ríe reímos reís ríen	reía reías reía reíamos reíais reían	reí reíste rió/rio reímos reísteis rieron	reiré reirás reirá reiremos reiréis reirán	reiría reirías reiría reiríamos reiríais reirían	ría rías ría riamos riáis/riais rían	riera rieras riera riéramos rierais rieran	ríe (tú), no rías ría (usted) riamos reíd (vosotros), no riáis/riais rían (Uds.)
seguir (i, i) (ga) siguiendo seguido	sigo sigues sigue seguimos seguís siguen	seguía seguías seguía seguíamos seguíais seguían	seguí seguiste siguió seguimos seguisteis siguieron	seguiré seguirás seguirá seguiremos seguiréis seguirán	seguiría seguirías seguiría seguiríamos seguiríais seguirían	siga sigas siga sigamos sigáis sigan	siguiera siguieras siguiera siguiéramos siguierais siguieran	sigue (tú), no sigas siga (usted) sigamos seguid (vosotros), no sigáis sigan (Uds.)

Stem-Changing and Orthographic-Changing Verbs *(continued)*

Infinitive Present Participle Past Participle	Indicative					Subjunctive		Imperative
	Present	Imperfect	Preterit	Future	Conditional	Present	Imperfect	Commands
sentir (ie, i) sintiendo sentido	siento sientes siente sentimos sentís sienten	sentía sentías sentía sentíamos sentíais sentían	sentí sentiste sintió sentimos sentisteis sintieron	sentiré sentirás sentirá sentiremos sentiréis sentirán	sentiría sentirías sentiría sentiríamos sentiríais sentirían	sienta sientas sienta sintamos sintáis sientan	sintiera sintieras sintiera sintiéramos sintierais sintieran	siente (tú), no sientas sienta (usted) sintamos sentid (vosotros), no sintáis sientan (Uds.)
volver (ue) volviendo vuelto	vuelvo vuelves vuelve volvemos volvéis vuelven	volvía volvías volvía volvíamos volvíais volvían	volví volviste volvió volvimos volvisteis volvieron	volveré volverás volverá volveremos volveréis volverán	volvería volverías volvería volveríamos volveríais volverían	vuelva vuelvas vuelva volvamos volváis vuelvan	volviera volvieras volviera volviéramos volvierais volvieran	vuelve (tú), no vuelvas vuelva (usted) volvamos volved (vosotros), no volváis vuelvan (Uds.)

GLOSARIO

A

acoger	*to accept, take in*
acostumbrarse	*to get used to*
adaptarse	*to adapt oneself*
adornos, los	*ornaments*
agenda electrónica, la	*PDA*
agricultor, el	*farmer*
alegre	*happy*
alegría, la	*hapiness*
almacenar	*to store*
alumno//a de primer año, el/la	*freshman*
alumno/a de segundo año, el/la	*sophmore*
alumno/a de tercer año, el/la	*junior*
alumno/a de cuarto año, el/la	*senior*
analizar	*to analyze*
anglosajón/a	*Anglo-Saxon*
aniquilación, la	*annihilation, destruction*
aniquilar	*to annihilate*
antifaces, los	*masks*
aparato	*device*
aportar	*to bring; to contribute*
aprender la materia	*to learn the material*
aprobar el curso	*to pass the course*
argentino/a	*Argentinian*
argumentar	*to argue*
artesanía, la	*craftsmanship*
artesano, el	*craftsman*
ascendencia, la	*ancestry*
asignatura/materia, la	*subject*
asimilarse	*to become assimilated*
asistir a clases	*to attend classes*
atuendo, el	*attire*
ayudante, el/la	*assistant*

B

bachillerato, el	*high school diploma*
baile, el	*dance*
bajarse	*download*
barrio, el	*neighborhood*
beca, la	*scholarship*
becario/a, el/la	*intern*
bilingüe	*bilingual*
boletín informativo, el	*news bulletin*
boliviano/a	*Bolivian*
borrachera, la	*drunkenness*
borrar	*to erase*
bullicio, el	*uproar*
bullicioso	*busy, noisy*

C

cabalgata, la	*procession, parade*
cacique, el	*chief*
cadena, la	*TV channel*
cajero automático, el	*ATM machine*
calada, la	*a puff of a cigarette*
calificación/nota, la	*grade*
calificaciones	*grades*
cámara Web, la	*web camera/webcam*
cámara, el/la	*cameraperson*
cambio climático, el	*climate change*
camello, el	*drug dealer*
canal, el	*TV channel*
cargarse	*upload*
carnaval, el	*carnival*
carrera, la	*profession, academic degree*
carroza, la	*float*
catedrático/a, el/la	*full professor*
cautivo, el	*slave*
caza, la	*hunting*
cazador, el	*hunter*

celebración, la	ceremony
centro de desintoxicación, el	rehabilitation center
ceremonia, la	ceremony
chicano/a	chicano, Mexican-American
chileno/a	Chilean
chisme, el	gossip
ciudadanía, la	citizenship
ciudadano/a, el/la	citizen
civilización, la	civilization
civilizar	to civilize
clonación, la	cloning
codicia, la	greed
colegiatura, la	tuition fee
colombiano/a	Colombian
colonización, la	colonization
colonizador, el	colonizer
comercio justo, el	fair trade
comparsa, la	masquerade (in carnival)
comportamiento, el	behavior
composición, la	composition
computadora portátil, la	laptop
concienciarse	to become aware
concurso, el	contest
conducta, la	behavior
conmemorar	commemorate
conquista, la	conquest
conquistador, el	conqueror
consejero/a, el/la	advisor/counselor
consumir drogas	to take drugs
consumismo, el	consumerism
contraseña, la	password
convicción, la	belief
costarricense	Costa Rican
credo, el	belief
creencia, la	belief
cristianizar	to Christianize
crónica de sucesos, la	accident and crime report
cubano/a	Cuban
culto	wise
culto, el	ceremony
cuota de matrícula, la	tuition fee
curso, el	course, class
curso obligatorio, el	required course
curso optativo, el	elective course

D

dañar	to damage
dañino	harmful
daño	damage
datos, los	facts
decano/a, el/la	dean
deportación, la	deportation
depresión, la	depresssion
deprimirse	to get depressed
desarrollo sostenible, el	sustainable development
descubrimiento, el	discovery
desengancharse	to be unhooked /to unhook oneself
desfile, el	parade
desigualdad, la	inequality
desintoxicarse	detoxicate oneself
desórdenes psicológicos, los	psychological disorders
destreza, la	skill
día feriado, el	holiday
día festivo, el	holiday
diario, el	newspaper
dibujos animados, los	cartoons
difundir	to disseminate
dirección electrónica, la	email address
discriminación, la	discrimination
disfraces, los	costumes
disfrazarse	to disguise oneself
docto	wise
documental, el	documentary
dominicano/a	Dominican
droga de diseño (p. ej., éxtasis), la	designer drugs
drogado/a	drugged, doped
drogas adulteradas, las	adulterated drugs
drogodependencia, la	drug dependency
dueño, el	owner

E

ecuatoriano/a	Equatorian
eliminar	to eradicate
emborracharse	to get drunk
emisora, la	radio station
energía renovable, la	renewable energy
engancharse	to be hooked/to hook oneself
enriquecimiento, el	enrichment
ensayo, el	essay

entrevistador/a, el/la	interviewer		
enviar mensaje de texto	to text		
equipo de redacción, el	editorial staff		
erradicar	to eradicate		
esclavitud, la	slavery		
esclavo, el	slave		
esfuerzo, el	effort		
especialidad, la	major		
especialidad			
secundaria, la	minor		
espectáculo, el	show		
esquema, el	outline		
establecerse	to get established		
examinarse	to take an exam		
exilio, el	exile		
exportación de bienes, la	export of goods		
exterminar	to exterminate		

identidad, la	identity		
identificador de			
llamadas, el	caller ID		
inalámbrico	wireless		
informar	to inform		
informática, la	computer science		
informático, el	computer programmer		
informe/reporte, el	report		
ingresar en la facultad	to enroll in the school		
[de medicina, historia]	[of medicine, history]		
ingresar en la universidad	to enroll in the university		
ingreso, el	income		
iniciar la sesión/entrar/			
conectar	to log in		
iniciativa, la	initiative		
inmigración, la	immigration		
inmigrante, el/la	immigrant		
inmigrar	to immigrate		
instituto, el (España)	high school		
intoxicarse	to intoxicate oneself		
invertir	to invest		

fantasía, la	fantasy
fantasioso	imaginative
feria, la	fair
festejo, el	festivity
festividad, la	festivity
fiesta patria, la	national holiday (Mexico)
filántropo/a, el/la	philanthropist
fotógrafo/a, el/la	photographer
frontera, la	border, frontier
fuegos artificiales, los	fireworks
fuente, la	source

jefe/a del departamento,	
el/la	chair of department
jolgorio, el	merrymaking

libre comercio, el	free trade
libro digital, el	e-book
licenciatura, la	bachelor's degree
llenar los impresos/	
formularios	to fill out forms

ganarse la vida	to make a living
garantizar	to guarantee
genética, la	genetics
GPS, el	GPS
grabar	to record
graduarse	to graduate
guatemalteco/a	Guatemalan
guion, el	script

habilidad, la	skill
hacer un examen	to take an exam
hombre del campo	farmer
hondureño/a	Honduran
huir	to flee

malas notas	bad grades
mando a distancia, el	remote control
mano de obra, la	labor force
mantener	to support (financially)
maña, la	skill
materia, la	course, class
materia obligatoria, la	required course
materia opcional, la	elective course
matrícula, la	registration
matricularse	to register
mayoría, la	majority

medios de comunicación, los	*media*
mensaje de texto, el	*text message*
mexicano/a	*Mexican*
minoría, la	*minority*
mono, el	*having a withdrawal*
mundo del espectáculo, el	*show business*

narrar/contar/relatar	*to tell (used for an event or a story)*
nicaragüense	*Nicaraguan*
noticia, la	*news item*
noticiario/noticiero, el	*the news*

obsesión, la	*obsession*
opulencia, la	*richness*
ordenador portátil, el	*laptop*
orgullo, el	*pride*

P

países en vías de desarrollo, los	*underdeveloped countries*
países subdesarrollados, los	*underdeveloped countries*
panameño/a	*Panamanian*
paraguayo/a	*Paraguayan*
patria, la	*native land*
patrón, el	*patron saint*
perder	*to fail; to flunk (an exam, a course)*
periódico, el	*newspaper*
periodista, el/la	*journalist*
perjudicar	*to harm*
perjudicial	*harmful*
peruano/a	*Peruvian*
pesca, la	*fishing*
pescador, el	*fisherman*
petardos, los	*firecrackers*
pincharse	*to inject drugs on oneself*
pitillo, el	*cigarette*
plazo de matrícula, el	*registration period*
polémica, la	*controversy*
prensa, la	*press*
prensa del corazón, la	*entertainment media, celebrity news*
prensa rosa, la	*entertainment media, celebrity news*
prensa sensacionalista, la	*tabloid press*

preparar el horario de clases	*to prepare the class schedule*
preparatoria, la	*high school*
presentador/a, el/la	*TV host*
préstamo para estudiantes, el	*student loan*
prestar atención	*to pay attention*
prevención, la	*prevention*
prevenir	*to prevent*
procesión, la	*procession*
productor/a, el/la	*producer*
profesor/a, el/la	*professor, teacher*
prosperidad, la	*richness*
publicidad, la	*advertising*
puertorriqueño/a	*Puerto Rican*
pulsar/hacer clic	*to click*

raíz, la	*root, origin*
ratón, el	*mouse*
recaudar fondos	*to raise funds*
recorrido, el	*course, route*
rector/a, el/la	*chancellor*
redacción, la	*composition*
redactor jefe, el/ redactora jefa, la	*editor in chief*
redactor/a, el/la	*editor*
refugiado/a, el/la	*refugee*
registro, el	*registration*
rendir un examen	*to take an exam*
repasar la materia	*review the material*
reportero/a, el/la	*reporter*
reprobar	*to fail; to flunk (an exam, a course)*
reproductor de MP3, el	*MP3 player*
reproductor digital, el	*digital player (e.g., iPod, iTouch)*
residencia permanente, la	*permanent residence*
resumen, el	*summary*
resumir	*to summarize*
revista, la	*magazine*
riqueza, la	*richness*
ritos, los	*rites*

sabiduría, la	*wisdom*
sabio	*wise*
sacar buenas notas	*to get good grades*
salud, la	*health*

saludable	*healthy*	tesoro, el	*treasure*
salvadoreño/a	*Salvadoran*	tiras cómicas, las	*comics*
secundaria, la	*high school*	titular, el	*headline*
semanario, el	*weekly magazine or newspaper*	título, el	*diploma; title*
serie televisiva, la	*TV series*	tomar apuntes	*to take notes*
servidor, el	*server*	tomar conciencia	*to become aware*
síntoma, el	*symptom*	tomar notas	*to take notes*
sobredosis, la	*overdose*	tomar un examen	*to take an exam*
solicitar ayuda financiera	*to apply for financial aid*	trabajo de investigación, el	*research paper*
solicitud, la	*application*	trabajo escrito, un	*any type of academic paper*
suceso, el	*event*	trajes regionales, los	*tradicional dresses*
superstición, la	*superstition*	tratamiento, el	*treatment*
suprimir	*to suppress*		
suspender	*to fail; to flunk (an exam, a course)*		

uruguayo/a — *Uruguayan*

tarjeta de residente, la	*green card*	venezolano/a	*Venezuelan*
tecla, la	*key*	verbena, la	*festival held on eve of saint's day*
teclado, el	*keyboard*		
telediario, el	*the news*	vestimenta, la	*clothes*
telenovela, la	*soap opera*	vicio, el	*vice, addiction*
telerrealidad, la	*reality TV*	vistosidad, la	*colorfulness*
telespectador/a, el/la	*TV viewer*	vistoso	*colorful*
televisor de pantalla plana, el	*plasma TV*		

Capítulo 1: En busca de un programa de estudios

	PROGRAMA 1	PROGRAMA 2
Nombre		
Duración		
Costo		
Cursos		
Requisitos		
Otras características		

INVESTIGA: INFORME

Capítulo 1: Conoce bien un país a través de su oficina de turismo

País: _____

Geografía:	
Historia:	
Sitios interesantes:	
Monumentos nacionales:	
Excursiones:	
Otra información interesante:	

Capítulo 2: Fiestas hispanas

Fiesta: _____

País donde se celebra: _____

Fecha de la celebración: _____

Historia/Origen:	
Tradición: **(ej.: comidas, objetos, vestidos, bebidas, bailes)**	
Lista de las actividades:	
Algo curioso:	

INVESTIGA: INFORME

Capítulo 2: Bailes hispanos

Baile: _____

País: _____

Origen:	
Cuándo se baila:	
Vestuario:	
Participantes:	
Música:	
Cómo se baila:	

Capítulo 3: Hispanos famosos en el mundo del espectáculo

Nombre: _____

Nombre artístico: _____

FOTO (opcional)	
	Fecha de nacimiento:
	Lugar de nacimiento:
	Nacionalidad:
	Profesión:
	Lanzamiento profesional:
	Información personal:

ACONTECIMIENTOS PROFESIONALES	
PRESENTE	**PASADO**
1.	1.
2.	2.
3.	3.
4.	4.
5.	5.

INVESTIGA: INFORME

Capítulo 3: Hispanos famosos en la comunidad

Nombre: _____

Nombre artístico: _____

FOTO (opcional)	Fecha de nacimiento:
	Lugar de nacimiento:
	Nacionalidad:
	Profesión:
	Lanzamiento profesional:
	Información personal:

ACONTECIMIENTOS PROFESIONALES

PRESENTE	PASADO
1.	1.
2.	2.
3.	3.
4.	4.
5.	5.

Capítulo 4: Leyendas y mitos de Sudamérica

PASO 1 Leyenda:	
País:	
Personajes:	
Lugar/Época:	
Acontecimientos principales:	

INVESTIGA: INFORME

PASO 2 Pueblo indígena:	
Origen:	
Forma de vida:	
Conquista:	
Presente:	

Capítulo 4: Leyendas y mitos de España y Centroamérica

Leyenda de Centroamérica:	
País:	
Personajes:	
Lugar/Época:	
Acontecimientos principales:	

INVESTIGA: INFORME

Leyenda de España:	
Personajes:	
Lugar/ Época:	
Acontecimientos principales:	

Capítulo 5: Las noticias del día

Noticia #1	**Anota detalles sobre qué pasó, dónde, cuándo, quién(es) protagoniza(n) la noticia, por qué ocurrió.**
Noticia #2	**Anota detalles sobre qué pasó, dónde, cuándo, quién(es) protagoniza(n) la noticia, por qué ocurrió.**
Noticia #3	**Anota detalles sobre qué pasó, dónde, cuándo, quién(es) protagoniza(n) la noticia, por qué ocurrió.**

INVESTIGA: INFORME

Capítulo 5: Los blogs: Noticias y opiniones

Noticia nacional	Resumen:
	Comentarios del blog:
Noticia internacional	Resumen:
	Comentarios del blog:

Capítulo 6: Las adicciones

Nombre de adicción: _____	
Descripción:	
Síntomas:	
Consecuencias:	
Tratamiento:	
Tema polémico:	

INVESTIGA: INFORME

Capítulo 6: La medicina alternativa

Medicina alternativa #1: _____	
Origen:	
Aplicación:	

Medicina alternativa #2: _____	
Origen:	
Aplicación:	

Problema de salud: _____

Medicina alternativa para este problema: _____

Problema de salud: _____

Medicina alternativa para este problema: _____

Capítulo 7: Novedades científicas

Avance tecnológico	Nombre del producto (opcional: Imprime una foto del producto):
	Origen/Historia de su descubrimiento:
	Características:
	Impacto presente y futuro en nuestras vidas:

INVESTIGA: INFORME

Avance científico	Nombre del descubrimiento:
	Origen/Historia de su descubrimiento:
	Características:
	Impacto presente y futuro en nuestras vidas:

Capítulo 7: Las ONG

Nombre de la ONG:
Historia de su formación:
Objetivos:
Proyectos pasados:
Proyectos actuales o futuros:
Otros datos interesantes:

INDEX

CREDITS

Text Credits

Chapter 1

p. 10: Centro Internacional de Español (CIDE), Universidad de Deusto, www.cide.deusto.es. Used by permission of Universidad de Deusto. **p. 18:** Photo and text (adapted) from www.amautaspanish.com. Copyright © 2014 AMAUTA Spanish School. Used by permission of AMAUTA Spanish School.

Chapter 2

p. 35: Excerpts from "Historia Feria Flores: La Feria, una tradición que vibra en Medellín" and "Tipos de silletas: Las flores, una expresión artística" from *Feria de las Flores*, ElColombiano.com. Used by permission of El Colombiano. **p. 42:** "El tradicional y castizo baile madrileño procede de Escocia" from Telemadrid.es, 15 May 2011. Used by permission of Telemadrid.

Chapter 3

p. 56: Excerpts from "Huellas de la Historia," © ContactoMagazine.com. Used with permission of ContactoMagazine.com. **p. 62:** "Tristeza en EEUU por la muerte de Jaime Escalante" from *HolaCiudad!*. 31 March 2010. © ZGS 2014. Used by permission of ZGS Communications.

Chapter 5

p. 93: "Miles de estudiantes chilenos reanudadn protestas" (excerpt) by Associated Press from *El Nuevo Herald*, 28 March 2013. Copyright © 2013 Associated Press. Used by permission of Associated Press. **p. 100:** "Matan a 14 en fiesta estudiantil de Juárez" by Mario Héctor Silva from *El Universal*, 1 Feb. 2010. Copyright © 2010 El Universal. Used by permission of Agencia El Universal. **p. 101:** "Ciudad Juárez dice '¡basta ya!'" by Mercè Cabanas from Publico. es, 7 febrero 2010. © Diario Público. Used by permission of Diario Público. **p. 107:** "Los blogs, buenos aliados de la lucha en contra de la censura de prensa" by Erika Lüters Gamboa from *El Mercurio blogs*, 23 de Junio de 2008, http://blogs.elmercurio.com. Copyright © 2008 El Mercurio. Used by permission of El Mercurio.

Chapter 6

p. 123: "Videojuegos, ¿adiccion o aficion?" by Sarah Romero from LaFlecha, 01 Dec 2003, http://www.laflecha.net/editorial/2003-49. Copyright © 2003 by LaFlecha. Used by permission of LaFlecha. **p. 132:** Excerpts from "Dormir a ciencia cierta" by Ángeles Peñalver, from Ideal.es, © 13 July 2008. Used by permission of Diario Ideal.

Chapter 7

p. 147: "MeBot, el nuevo robot para telepresencia" by Elena Sanz from *Muy Interesante*, 08 March 2010. Used by permission of GyJ España Ediciones. **p. 148:** "Los delfines ayudarán a entender enfermedades humanas" by Elena Sanz from *Muy Interesante*, 22 February 2010. Used by permission of GyJ España Ediciones. **p. 154:** "Resistencia: ¿los ricos son dueños del 2010?" by Rocío Silva Santisteban from LaRepublica.pe, 03 de enero de 2010. Copyright © 2010 La Republica. Used by permission of Grupo La República Publicaciones S. A.

Photo Credits

Common Art: lily/Fotolia

Chapter 1

p. 2: Kim Karpeles/Alamy; **p. 3:** Russell Gordon/Danita Delimont Agent/Alamy; **p. 10:** Centro Internacional de Español (CIDE), Universidad de Deusto, www.cide.deusto.es. Used with permission.; **p. 14:** mangostock/Fotolia; **p. 17:** william87/Fotolia LLC; **p. 18:** Photo and text (adapted) from www.amautaspanish.com. Copyright © 2014 AMAUTA Spanish School. Used by permission of AMAUTA Spanish School.; **p. 21:** Peter Jordan_EU/Alamy; **p. 22:** Jeff Greenberg / Alamy.

Chapter 2

p. 26: Ricardo Maldonado Rozo/epa/Corbis; **p. 27:** Alcerreca/Fotolia; **p. 33 (t):** Chris McLennan/Alamy; **(b):** Idamini/Alamy; **p. 35:** epa european pressphoto agency b.v. / Alamy; **p. 36:** epa european pressphoto agency b.v. / Alamy; **p. 38:** Ayuntamiento de Cádiz; **p. 40:** andrewgenn/Fotolia LLC; **p. 42:** epa european pressphoto agency b.v. / Alamy; **p. 44:** nito/Fotolia.

Chapter 3

p. 48: Source/NASA; **p. 49 (t):** Allstar Picture Library / Alamy; **(b):** AP Image/Tony Gutierrez; **p. 55:** Susan Isakson/Alamy; **p. 58:** Boitano Photography/Alamy; **p. 60 (t):** StockAB/Alamy; **(c):** Konstantin Sutyagin/Alamy; **(b):** 2010StockVS/Alamy; **p. 61:** Everett Collection Inc / Alamy; **p. 62:** David Butow/Corbis; **p. 64:** ZUMA Press, Inc. / Alamy.

Chapter 4

p. 70: Paul Franklin/Eye Ubiquitous/Alamy; **p. 71 (t):** Andriy Petrenko/Fotolia; **(b):** Oliviero Olivieri/Robert Harding Picture Library Ltd/Alamy; **p. 78 (l):** Curt Wiler/Alamy; **(r):** David R. Frazier Photolibrary, Inc./Alamy; **p. 84:** Zai Aragon/Fotolia; **p. 85:** Pete M. Wilson / Alamy.

Chapter 5

p. 90: David R. Frazier Photolibrary, Inc. / Alamy; **p. 91:** Iain Masterton / Alamy; **p. 103:** PinkShot/Fotolia; **p. 110:** Cox & Forkum.

Chapter 6

p. 114: iko/Fotolia LLC; **p. 115:** apops/Fotolia; **p. 123:** Nakedfanatic/iStock Vectors/Getty Images; **p. 126:** Scott Griessel/Fotolia; **p. 128:** Plan Nacional Sobre Drogas; **p. 131:** Thinkstock/Getty Images.

Chapter 7

p. 138: UK Alan King/Alamy; **p. 139 (t):** Sav Scatola/Illustration Works/Alamy; **(b):** Visaro/Fotolia; **p. 147:** M I T Media Lab; **p. 148:** Steve Bloom Images/Alamy; **p. 157:** Daryl Mulvihill/Alamy.